유통업계의 미래

● 후나이식 경영법

머 리 말

　나의 직업은 경영 컨설턴트이다. 나 자신은 경쟁하는 것을 별로 좋아하지 않지만, 일을 맡은 이상 거래처를 승리하도록 할 입장이고, 패배는 곧 거래처를 잃는 결과가 된다. 요컨대 내 직업은 절대로 실패가 허용되지 않는 엄격한 직업이다. 그리고 대학이나 연구소 같은 아카데미즘 속에 있는 사람들과는 달리, 항상 제일선의 현장에 있고, 거기에서 배우고 또 지도 방침을 정하고 있으므로 고정관념을 갖거나 혹은 과거의 '대이론(大理論)' 테두리 안에 안주하는 것도 허용되지 않는다.

　내가 일본 마케팅센터를 설립한 지 8년, 현재 관계하고 있는 기업은 1,500사가 되는데, 대체적으로 지도상 잘못은 없다고 자부하며, 특히 유통업계가 커다란 전환점에 이른 최근 수년간의 내 지도 방침에는 절대적인 자신을 가지고 있다.

　나는 소비재 업계, 유통업계의 제일선 사정에 대해 일본에서 가장 그 실태를 잘 파악하고 있는 사람 중의 한 사람이라고 말할 수 있는데, 이 책은 '혼미(混迷)'라고 밖에 표현할 수 없는 유통업계의 활로에 대해, 내 경험과 거기서 배운 이론을 되도록 알기 쉽게, 그러면서도 실천적으로 정리한 것이다.

　나는 지금까지 경영이나 유통업계의 장래 방향에 대해 여러

가지 의견을 제시해 왔다. 그것은 많은 내 저서나 그때 그때의 각종 신문 혹은 잡지 등에 활자로서 남아 있다. 1970년 이래라는 조건을 설정한다면, 내가 한 말은 거시적으로 대부분 적중했으며 정확했다고 할 수 있다. 단, 미시적으로 본다면 그 시점에서는 정확했으나 현재로서는 분명히 잘못된 점도 더러 있다. 그러나 나는 '그렇게 되는 게 당연하지, 그게 바로 경영의 본질이니까' 라고 생각하고 있다. '변화야말로 불변의 원칙'이다. 특히 변화가 격심한 현재와 같은 시대의 경영에서는 '경직화'라든가 '절대화' 는 금물인 것이다.

경영이라는 것은, '자기의 힘에 상응하게, 그 시점에서 되도록 장기간에 걸쳐, 최선의 방법을 강구해야 할 것이지만, 동시에 끊임없이 변화에 적응하는 변환자재(變幻自在)로 기능하는 것' 이다.

나는 1968년에 일본에서의 이른바 '유통혁명'을 부정하고 70년대에는 '미국식 경영법'으로는 도매 · 소매업의 대부분이 문을 닫게 될 것이라고 예언했다. 또 1971년에는 '매스화(化) 제일주의, 예컨대 유통업계에서의 대량 판매점 베스트 주의'를 경고했다. 73~75년에는 '전문화, 생력화(省力化), 재고(在庫) 감소화' 등이 경쟁의 격화가 예상되는 유통업계에서 최하의 경영개선법 이라는 것을 역설했다.

76년부터 현재에 걸쳐서는, 소매업계에 대해 '대형점이나 기업형 소매업의 수난시대=소형점이나 생업형(生業型) 소매업 시대의 도래'나 '소상권(小商圈) 시대의 도래'를 예언해 왔다.

이러한 나의 의견은 언제나 그 시점에서의 소수 의견이었고, 많은 비판도 받았다. 저서 중의 통계 숫자가 틀려 호되게 비난받은 적도 있다. 그러나 그런 비판이나 비난과는 관계없이, 경영 컨설턴트로서의 내 실적은 착실히 성공을 거듭했고, 거시적으로 내가 예언(?)한 사항은 2~3년이 지나서 거의 다 정론(正論)이 되어 버렸다.

관점을 바꾸어 본다면, 사실상 나는 예언을 하는 것은 아닌 것 같다. 경영 컨설턴트는 경영자와 마찬가지로 학자, 정치가 보다는 5년 앞 정도까지 확실히 예측할 능력이 필요한 직업이다. 왜냐하면 예측의 실패는 자신의 죽음을 뜻하기 때문이다.

그 때문에 끊임없이 사업을 통해 모든 미래사고적(未來思考的) 실험을 반복하고 가까운 장래에 대한 규격화를 추구하지 않을 수 없게 된다. 반대로 과거의 데이터 정리나 분석은, 어느 쪽이냐 하면 일을 하는 데 있어서는 부차적이고 가까운 장래의 예측에 비해 그다지 중요한 의의를 지니지 않는 직업인 것이다.

그래서 나는 끊임없이 미래사고적 혹은 선각자적(先覺者的)인 실험＝실증의 발견→규격화에 주력해 왔다. 그 결과, 확신을 갖게 되어 그것을 발표해 왔던 것이다. 입장상, 프로세스를 생략하고 결론만 말한다거나, 혹은 과거의 숫자나 데이터의 분석정리를 소홀히 한다거나 해 왔으므로 일부 학자나 과거사고형의 동업자들로 부터는 내 말이 비정상적이거나 엉뚱한 소리로 들렸던 모양이다.

이 책에서도 단단히 주의할 참이지만, 이러한 내 결점은 역시 얼마쯤은 나오리라 생각된다. 다만 내가 이 책에서 말하려는 내용은 예언이 아니며 다소 미래적이더라도 그 대부분은 이미 실험결과나 실증에 의거해 규격화 한 것이며, 나로서는 확신을 갖고 있는 것임을 양해해 주기 바란다.

나는, 과거라는 것이 자기에게 어떠한 것이었던 간에 모두 선(善)이었다는 사상을 가지고 있으며, 또 모든 사람의 언동(言動)은 그 사람의 입장에서 모두 옳다고 믿고 있다. 따라서 자기에 대한 많은 사람들의 언동을 '그것도 맞다'고 긍정할 수 있도록 노력하는 것이 사람으로 태어난 이상, 인생의 도전목표가 되어 마땅하다고 여기고 있다. 이것을 '타자(他者) 을 긍정의 목표'라고 말하고 있는데, 이 '타자 을 긍정의 목표'와 '과거 을 선(善)의 사상'이, 나 같은 입장에서 보면 경영자적 발상이며, 경영의 비결이 아닌가 생각된다. 나는 이 책을 이와 같은 사고방식을 갖고 쓰려고 한다.

저　　자

제 부

유통혁명의 허구

　1962년, 중앙공론사(中央公論社)에서 발간된 한 권의 책, 당시 도쿄 대학(東京大學) 조교수였던 하야시 슈지(林周二)씨가 쓴 《유통혁명(流通革命)》은 훌륭한 책이었다. 논리적인 취지가 분명하고, 정말로 알차고도 알기쉬운 책이었다. 나도 여러 번 거듭 읽었고, 하야시 슈지씨의 강연회에도 자주 참석했다.

　이 책의 출판을 계기로 1960년대 전반(前半)에 이른바 '유통혁명론'이 유행했다. 이 '유통혁명론'의 기본 취지는 첫째, 앞으로 슈퍼마켓의 시대가 오리라는 것, 그리고 슈퍼마켓이 발전을 계속하면 점포의 표준화, 대형화, 체인화가 급속히 진행되어 전통적인 독립 자영(自營)상업의 비중은 극적으로 저하될 것이라는 것이었다.

　둘째로, 유통 경로의 말단 단계인 소매업 부문에서 대량 판매가 실현되면, 당연히 중간 단계에 있는 도매업의 배제가 급속히 진행되어, 유통 경로가 단축되리라는 것이었다.

　그 후, 60년대 후반에 들어 이들 두 주장은 에스컬레이트 되고 단순화 되어 '슈퍼 절대론'과 '도매상 무용론'이 유포하게 되었다.

　그것은 당연히 상업인구와 점포수 등의 삭감을 예상하는 논거였다. 그러나 현실적으로는 도매와 소매업을 비롯하여 점포 수, 상업인구, 매장 면적 등은 모두 증가 경향을 보이고 있다. 세부적으로 검토해 보면, 도매업은 1966년에서 68년에 걸쳐 점포 수, 종사자 수가 일시적으로 감소 경향을 나타냈는데 이것만이 예외이다. 그러나 이 도매업도 72~73년경부터는 점포 수, 종사자 수가 다 같이 급히 상승되었다. 더구나 종업원이 1~4명 밖에 되지 않는 영세 규모가 많았다.

소매업의 경우도, 다이에 · 자스코 · 이토요카토 · 니치이 · 니시토모(西友) 스토어 등 양판점(量販店)이라 불리우고 있는 것을 '슈퍼'로 가정해도, 전(全) 소매 판매액에서 차지하는 '슈퍼' 전체의 매출액은 겨우 10% 남짓하며, 백화점·양판점을 포함한 대형점이 전 소매 판매액에서 차지하는 비율도 72년 이래 20%를 조금 넘은 상태에서 답보를 거듭하고 있다.

분명히 말해, 50년대 후반에서 60년대 전반에 걸쳐 유통업계가 필연적으로 겪게 되리라고 믿었던 이른바 '유통혁명'은 일어나지 않았다. 그리고 앞으로도 일어날 조짐은 없는 것이다.

나는 이 책에서 '유통혁명론'을 비판할 생각은 추호도 없다. 유통혁명론이 하나의 발상이나 논거로서는 옳았다. 그런데 어째서 현실과 어긋나게 되었는가를 유통업계의 현실을 관찰함으로써 독자에게 알려드리고 싶을 뿐이다.

제1부는 '유통혁명의 거짓'이라는 큰 제목을 붙였는데, 그 내용은 최근 10년간 유통업계의 제일선 컨설턴트로서, 매일 매일 유통업계의 실태에 접하고 있었던 사람으로서 느낀 '실감(實感)과 유통업계의 실태'에 대한 분석과 전망인 것이다.

제1장 유통업의 인적 합리화

1. 증가하는 종업원수

사람과 점포가 너무 많다

먼저 표1을 보기 바란다. 이것은 일본 통산성(通産省) 조사통계부가 발표한 '상업통계표'의 자료다.

도매업과 소매업에서 다 같이 점포와 종사자가 계속 증가했다는 것을 알 수 있다(다만 도매업에서는 1966년에서 68년에 걸쳐 일시적으로 감소했다).

여기서 다시 한번 이른바 '유통혁명론'을 되돌아 보자. 그것은,

(1) 메이커와 소비자 사이에 유통(도매·소매) 업계가 있다.

(2) 그런데 그 유통업계는 점포 수와 종사자 수가 너무 많아 그 때문에 유통경로가 복잡해지고 따라서 상거래 회수도 지나치게 반복되고 있다.

(3) 결국 여기서는 유통 마진이 커진다.

(4) 그래서, 유통업계는 모두가 항상 메이커에 대해서는 상품 값을 후려 깎고, 소비자에게는 비싸게 공급하게 된다.

(5) 따지고 보면, 이같은 잘못된 근원은 종사자와 점포가 너무 많은 유통업계의 구조 때문이다.

따라서 유통 경로의 단축과 정비를 기본 원칙으로 하고, 생산

〈표 1〉 도매 · 소매업 · 음식점의 점포수, 종사자 수, 판매액

년 월 일	점포수(1,000 점)			종업자수 (1,000명)	년 간 판 매 액 (10억엔)	동 1 점포 당 액 (만엔)	동 종업자 1명당액 (만엔)	상 품 보 유 액 (10억엔)	매장면적 (1,000㎡)
	계	법 인	개 인						

총 수

년 월 일	계	법 인	개 인	종업자수	판매액	1점포당	1명당	상품보유액	매장면적
1960.6.1	1,744.2	259.2	1,485.1	6,324.9	23,193.5	1,964	542	1,408.2	
66.7.1	1,984.0	359.7	1,624.3	8,549.3	63,938.9	3,223	748	3,700.5	
68.7.1	2,043.3	387.0	1,656.2	8,806.2	80,988.4	3,964	920	4,703.2	
70.6.1	2,153.2	434.9	1,718.3	9,476.9	112,481.4	5,224	1,187	6,477.0	
72.5.1	2,238.4	480.2	1,758.2	10,042.7	138,265.6	6,177	1,377	8,233.8	
74.5.1	2,382.6			10,618.6	218,124.1	9,155	2,054	14,541.9	
76.5.1	2,570.0			11,353.9	285,433.2	11.107	2,514	17,682.2	

도 매 업

년 월 일	계	법 인	개 인	종업자수	판매액	1점포당	1명당	상품보유액	매장면적
1960.6.1	226.0	109.9	116.1	1,928.8	18,468.3	8,172	958	923.0	
66.7.1	287.2	155.3	131.9	3,041.6	52,082.3	18,134	,712	2,515.6	
68.7.1	239.5	138.8	100.7	2,697.2	62,816.8	26.228	2,329	2,979.6	
70.6.1	256.0	154.1	101.9	2,860.9	88,330.9	34,508	3,088	4,093.3	
72.5.1	259.2	161.7	97.4	3,007.6	106,780.1	41,202	3,550	5,224.8	
74.5.1	292.2			3,289.7	173,113.1	59,254	5,265	9,768.9	
76.5.1	340.4			3,518.8	222,634.7	65,398	6,373	11,420.2	

년 월 일	점포수(1,000 점)			종업자수 (1,000명)	년 간 판 매 액 (10억엔)	동 1 점포 당 액 (만엔)	동 종업자 1명당액 (만엔)	상 품 보 유 액 (10억엔)	매장면적 (1,000㎡)
	계	법 인	개 인						

소 매 업

1960.6.1	1,288.3	130.9	1,157.4	3,489.3	4,315.4	335	124	485.2	31,074
66.7.1	1,375.4	174.6	1,200.8	4,193.4	10,683.6	776	254	1,184.9	44,834
68.7.1	1,432.4	211.9	1,220.5	4,646.2	16,507.3	1,152	355	1,723.6	49,946
70.6.1	1,471.3	237.5	1,233.8	4,926.0	21,773.4	1,475	441	2,353.7	58,338
72.5.1	1,495.5	265.7	1,229.8	5,141.4	28,292.7	1,892	550	3,009.0	66,262
74.5.1	1,548.2			5,303.4	40,299.9	2.603	760	4,730.6	70,870
76.5.1	1,613.8			5,579.	55,988.0	3,469	1,004	6,262.0	80,976

음 식 점

1960.6.1	230.0	18.5	211.5	903.3	409.8	274	64	—	—
66.7.1	321.4	29.8	291.6	1,311.8	1,173.0	365	89	—	—
68.7.1	371.3	36.3	335.0	1,462.8	1,664.3	448	114	—	—
70.6.1	426.0	43.3	382.6	1,690.1	2,377.1	558	141	—	—
72.5.1	483.7	52.8	431.0	1,893.6	3,192.8	660	169	—	—
74.5.1	542.3			2,020.6	4,711.1	869	233	—	—
76.5.1	615.8			2,260.9	6,820.5	1,108	302	—	—

자료 : 통상성 조사통계부《상업 통계표》

의 합리화, 유통의 합리화를 도모함으로써 유통 마진을 내려야만 한다는 이론은, 단순히 유통이라는 면에서만 볼때 분명히 정론이다.

이같은 유통업계 합리화를 위해 '슈퍼 절대론'이나 '도매상 무용론'이 알기 쉬운 수단적 발상으로 나타난 것도 사실상 당연한 귀결이었다고 할 수 있다.

유통혁명의 이론과 현실

유통혁명의 목적이 유통 합리화라고 한다면, 그것을 구체적으로 다음과 같이 생각하면 이해하기 쉽다. 유통업계 종사자 수를 소비자를 위해 적정하게 경쟁할 수 있도록 한다는 조건 아래, 최대한으로 감소시키는 연구를 하면 되는 것이다.

그 적정한 종사자 수란 어느 정도일까? 이것은 간단히 산출할 수 있는 것은 아니지만, 내가 경영하는 회사=일본 마케팅센터에서는 다음과 같이 계산한바 있다.

(1) 현재, 통산성의 '상업통계'에 따르면 소매업 종사자 수는 약 600만명이고, 그 중에서 대형점 종사자 수는 약 60만명이다. 이 전체 종사자의 약 10％에 해당하는 대형점 종사자가 전체 매출의 21~22％에 이르는 매상고를 올리고 있다. 그런데 이 대형점 종사자의 약 40％는 인적 서비스를 위주로 하는 백화점 종업원이다. 이것으로 미루어, 전체의 6％ 종업자로써 전체의 15％ 매출은 가능하다고 볼 수 있다. 결국 이 비율로 말한다면, 약 250만명의 소매업 종사자로써 1억 1,000만명의 일본인에게 충분히 서비스를 하면서 상품 공급을 할 수 있다고 말할 수 있겠다.

(2) 상업통계로 미루어 볼때, 현재 도매업 종사자는 약 400 만명 정도로 추정된다. 그런데 최근 내가 관계하고 있는 몇몇 양판점에서 조사한 바에 의하면, 이들 양판점의 상품구매일에, 도매상의 세일즈맨은 평균 30분의 상담(商談)을 위해 구매본부에 들어와 돌아가기까지 3시간 남짓 머물고 있다. 즉 두 시간 반 이상은 대기시간인 것이다. 또 파레토 곡선을 그려보면, 내가 관계하고 있는 대형점에서는 상위권인 10％의 거래처 회사 (종사자 수로는 20％ 가량 된다)에서 대체로 80％~90％의 상품 구매를 하고 있다. 이 두가지 점에서 생각해 보더라도 도매업 종사자 총수는 80만명 쯤이면 되지 않을까 하고 추정할 수도 있다.

〈표 2〉도매업·소매업의 점포 수와 종사자 수의 추이

	도 매 업		소 매 업	
	점 포 수	종사자수	점 포 수	종사자수
1962년	22 만점	213 만명	127 만점	355 만명
1972년	26	301	150	514
1976년	34	352	161	558

자료 : 통상성《상업통계》에서

이러한 간단한 계산뿐이 아니라, 외국의 통계나 인간의 노동력 등을 모델로 하고, 여러 가지 조건을 가미하여 우리 회사에서는 트레이닝의 일환으로서 가끔 시뮬레이션을 실시하고 있다. 단, 이러한 계산의 의미는 현실적인 것과는 전혀 상관이 없다. 다시 말해 우리와 같은 경영 컨설턴트에게는 거의 무가치한 일이다.

어쨌거나, 유통합리화=종사자를 삭감할 수 있는 여지는 유통 업계만을 따져 볼때, 충분히 있다는 것을 알 수 있을 것이다.

예컨데, 하야시 슈지씨의《유통혁명》이 발간된 1962년과 10년 후인 72년 그리고 76년의 도매 소매점포 수, 종사자수를 패턴화 하면 표 2처럼 되는데, 이 1962년의 유통업 종사자수 568만명을 최대한 350만명 정도까지 줄이려고 시도한 것이 유통혁명이고, 유통합리화의 방향이었다고 할 수 있다. 그런데 현실적으로는 약 1,000만명으로 증가되었다. 뿐만 아니라 아직도 증가될 것으로 전망되는 것이다. 그리고 이것이 문제를 푸는 열쇠이기도 한 것이다.

24

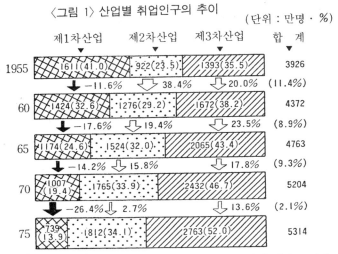

〈그림 1〉 산업별 취업인구의 추이

(단위 : 만명 · %)

제1차산업	제2차산업	제3차산업	합 계
1955	1611(41.0)	922(23.5)	1393(35.5)	3926
	−11.6%	38.4%	20.0%	(11.4%)
60	1424(32.6)	1276(29.2)	1672(38.2)	4372
	−17.6%	19.4%	23.5%	(8.9%)
65	1174(24.6)	1524(32.0)	2065(43.4)	4763
	−14.2%	15.8%	17.8%	(9.3%)
70	1007(19.4)	1765(33.9)	2432(46.7)	5204
	−26.4%	2.7%	13.6%	(2.1%)
75	739(13.9)	1812(34.1)	2763(52.0)	5314

주석 : 오른쪽 끝의 ( )안 및 화살표의 숫자는 5년전에 대한 증가율
① 제1차 산업(농림 · 수산업), ② 제2차 산업(광 · 공 · 건축업),
③ 제3차 산업(운수 · 통신 · 공익 · 도매 · 소매 · 금융 · 부동산 · 서비
스 · 공무)

2. 앞으로 증가되는 제3차 산업 인구

안정성장 · 높은 고용 흡수력

　제2차 세계대전 후 일본의 산업구조는 제1차 산업 구성비의
급속한 저하와 제2차 · 제3차 산업 구성비의 확대라는 것이 가장
특징이라 할 수 있다.
　여담이지만, 나도 농촌 출신이고 대학은 농학부를 나왔다.
오사카(大阪) 교외의 한 농가의 장남으로 태어난 나는 전쟁중인
국민학교 · 중학교 시절, 일손 부족과 식량 부족으로 공부보다는
농사일에 바빴다. 또 50년대 전반의 대학 시절은 농업과 친근하

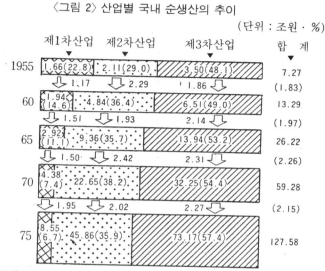

〈그림 2〉 산업별 국내 순생산의 추이

(단위 : 조원 · %)

주석 : 오른쪽 끝의 ( )안 및 화살표의 숫자는 5년전에 대한 배율
자료 : 경제기획청《국민소득 통계연감》

므로 주저없이 선택한 농학부에 입학했다. 당시의 농학부는 대단한 수재만이 가는 곳이었다.

교토(京都)대학 농학부 농림경제학과 졸업이라는 내 학력을 보고 경영 컨설턴트라는 현재의 내 직업과 유통면·상업면에 박식한 것을 결부시키기가 어려운지, 많은 사람들이 의문을 갖는 듯 하다.

그러나 나의 학생시대, 일본의 농업 인구는 취업 인구의 50% 정도를 차지하고 있었고, 역사적으로 보더라도 '농자천하지대본(農者天下之大本)'이었던 것이다. 이제 내 머리는 대머리가 되어버렸지만, 그간 많은 사회대학(?)을 졸업한 왕년의 초수재(?)에게는 농업과 상업이 하등 다를 바가 없는 것이다.

여담이 좀 길어졌는데 본론으로 돌아가자. 그림 1, 그림 2는

〈표 3〉 1970~75년의 업종별 취업자 수

(단위 : 만명)

	1970년	1975년	증　감	증가율
농　립　·　수　산　업	1,006	739	△ 268	△26.6
광　　　　　　　업	22	14	△　8	△27.0
제　　　조　　　업	1,344	1,323	△ 21	△ 1.6
건　　　설　　　업	399	475	76	19.0
도　매　·　소　매　업	1,001	1,129	28	12.8
금 융 · 보 험 · 부 동 산 업	138	179	41	29.7
운 수 · 통 신 · 공 익 산 업	351	369	18	5.1
서　　비　　스　　업	766	873	107	14.0
공　무　(　公　務　)	174	195	21	12.1
합　　　　　　　계	5,204	5,314	110	2.1

자료 : 총리부 통계국《국제조사 보고》

산업별 취업인구의 추이(推移)와 산업별 국내 순생산(純生産)
의 추이를 도표로 만든 것인데, 참고하기 바란다.

또 표3에 1970~75년의 업종별 취업자 수를 제시했다. 이 표
3의 도매 · 소매 취업자 수가 표1과 다소 틀리는 것은, '상업통
계'와 조사방법이 다른 '국세조사통계'라는 자료를 사용했기 때문
이다(우리가 일반적으로 이용할 수 있는 통계 수치에는 대체로
이런 경우가 많다).

이들 그림이나 표로 알 수 있듯이, 1965년 이래 제1차 산업의
취업 인구는 그 감소된 인원을 제3차 산업에 이동시켜 왔다.

그리고 앞으로 10년, 이번에는 제2차 산업 인구가 감소될 것으
로 추정된다. 그 상세한 이유에 대해서는 야노 세이야(矢野誠
也)씨의《예측 · 일본경제》(1978)의 208~212쪽에 자세히 설명되
어 있으니 참고하기 바란다.

현재 일본의 기업은, 닛케이(日經)센터에 의하면 240만명,

〈표 4〉 도매 · 소매업의 업종의 추이

(단위 : 10억엔)

판 매 액	1960년도	1975년도	배 율	신장년율
도 매 · 소 매 업 합 계	25,598	273,538	10.7	17.0
도 매 업	20,695	235,599	11.4	17.7
소 매 업	4,415	32,600	7.4	14.3
부가가치 생산액				
도 매 · 소 매 업 합 계	2,151	24,275	11.3	17.7
제 조 업	3,891	34,110	8.8	15.5
취업자수(만명)				
도 매 · 소 매 업 합 계	6,910	11,293	1.63	3.3
제 조 업	9,549	13,231	1.39	2.2
참 고				
국 민 총 생 산 (명 목)	16,267	149,501	9.2	16.0
개 인 소 비 지 출 (명 목)	8,882	82,553	9.3	16.0

자료 : 판매액은 통산성《상업동태 통계》. 취업자수는 총리부《국세조사 보고》. 생산액은 경제기획청《국민소득 통계 · 산업별 국내 순생 산 명목치》.

나니와다 하루오(難波田春夫)씨에 의하면 600만명의 잠재실업자를 안고 있다고 한다. 이들 잠재실업자는 주로 대형 제조업에 몰려 있는데, 이들 기업은 앞으로 설비의 합리화, 폐기 등으로 생력화(省力化)를 추진하지 않을 수 없으리라 추정된다. 이 인구가 이번에는 분명히 제3차 산업으로 유입하게 될 것이다.

닛케이 센터가 예측한 1985년의 제1차 · 제2차 · 제3차 산업의 취업자 구성비는 각각 8.9％, 36.3％, 54.8％로 되어 있는데, 이것은 성장률을 7％, 실업률을 1.5％로 잡은 경우이고, 현실적으로 이런 성장률의 유지는 불가능하리라 판단된다. 짐작컨대 제3차 산업의 취업자 구성비가 1985년에는 60％ 가까이 되리라고 전망된다.

<표 5> 산업별 취업자 구성비율

(단위 : %)

국명 년도	일 본 1975	미 국 1974	서 독 1974	프랑스 1974	영 국 1971
제 1 차 산 업	12.7	4.7	7.9	11.9	4.1
제 2 차 산 업	34.2	30.1	46.8	35.7	39.2
제 조 업	(25.3)	(23.7)	(39.4)	(26.8)	(32.5)
제 3 차 산 업	51.1	64.4	52.8	50.2	50.9
(상 업)	(24.4)	(24.8)	(19.4)	(21.1)	(20.3)
(운수 · 통신 · 창고)	(6.8)	(5.0)	(5.7)	(5.2)	(6.3)
(전기 · 가스 · 수도)		(1.3)	(0.7)	(0.8)	(1.4)
(서 비 스 업)	(19.7)	(33.3)	(19.5)	(21.7)	(22.8)
기 타	2.1	—	—	3.6	1.7

　그러면, 여기에서 도매 · 소매업과 제조업에서 과거 취업자의 신장과 부가가치 생산액의 신장을 약간 비교해 보자. 도매업과 소매업은 생력화가 어렵다. 따라서 인적 서비스의 부가(附加)는 결코 마이너스가 되지 않는다. 반대로 말하면, 앞으로도 정평 있는 안정 성장의 업종이 될 수 있다고 할 수 있다. 표4를 보면, 1960～75년 사이에 도매업은 판매액의 배율(倍率)＝(확대율)과 연간 신장율(伸長率)에서 명목상의 국민 총생산이나 개인 소비지출의 상승율보다도 높다. 소매업은 약간 낮은 편이나 비율로 봐서 별반 큰 차이는 없다. 이것은 도매업이 확실한 성장산업이었음을 나타내는 것이고, 또 소매업도 그런대로 안정 업종이었다고 할 수 있다.

　부가가치 생산액의 신장을 도매 · 소매업과 제조업에서 비교해 보면 이 점은 더욱 확실해진다. 도매 · 소매업 쪽이 더 안정 성장 업종이고, 고용 흡수력도 크다는 것을 여실히 표4의 숫자는 실증하고 있다.

여기서 또 다른 한가지 자료를 검토해 보자. 표5는 선진국의 산업별 취업자 구성 비율이다.

일본에서 제3차 산업의 특징은 상업인구 구성 비율이 매우 높다는 점이다. 표5를 보면, 앞으로 일본의 제3차 산업은 서비스업에서 신장할 가능성이 매우 높다고 추정할 수 있다. 그 밖에도 표4와 표5를 살펴보면, 일본의 상업적 특수성(기업과 생업의 관계, 일본인의 산업 구조상의 지혜 등, 이에 대해서는 뒤에서 말하겠다)을 잘 알 수 있다.

3. 일본인의 지혜, 유통업의 노동력 흡수

나니와다(難波田)씨의 예측

내가 최근 흥미깊게 읽은 책에 나니와다 하루오(難波田春夫)·다케이 아키라(武井昭)·다무라 마사카쓰(田村正勝) 3씨의 공저인 《이렇게 된다! 10년 후의 일본경제》(1978)가 있다.

지난 10년을 돌아보면 나니와다(難波田)씨의 경제계에 대한 예언은 어김없이 적중했다.

나니와다씨는 10년 전부터 현재의 경제 위기를 예언해 왔다. "오일 쇼크로 말미암아 가속은 되었으나 원래 오일 쇼크와는 무관한 것으로, 근대경제 체제의 종언(終焉)이라고 보는 것이 옳다"는 것이 나니와다씨의 발상이다.

근대인＝근대경제 체제의 특질은 MORE AND MORE이다. 그것은 보다 높은 욕망의 추구인데, 경제적으로는 생산기술의 진보와 생산력이 발전을 요구하게 되어 당연한 결과로 과잉생산

을 초래하게 된다고 설명하고 있다. "그리고 이 과잉생산을 과잉
생산이 아닌 것으로 하려면 최종적으로는 소비재의 소비를 생산
과 균형을 이룰 만큼 증대시켜야만 한다. 결국, 그러기 위해 물질
적인 낭비의 제도화가 필요해진다. 그런데 자원 유한시대(資源有
限時代)의 도래와 함께 이 물질적 낭비의 제도화가 벽에 부딪친
다. 먼저 개인이, 이어서 기업이 물질적 낭비에 저항하게 된다.
국가도 그런 적자 경영은 계속할 수 없다. 당연한 귀결로서 근대
경제 체제는 종언을 맞게 될 것이다."라는 것이 내 나름으로
해석한 나니와다설(難波田說)이다. 나도 여러 면에서 나니와다
씨의 주장에 동감이다.

향후 10년 혹은 20년이라는 기간으로 나눠서, 여러 사항을
검토해 볼때, 일본을 포함하여 서방측 경제선진국의 경제성장률
은 사실상 연간 3~4% 상승하면 양호한 편이라고 보아야 할
것 같다. 이 책에서는 목적 이외의 사항이므로 이런 일반경제
논의는 피하지만, 앞서 말한 나니와다씨의 저서 등은 꼭 참고하
기 바란다.

어쨌거나, 앞으로 일본에서는 ① 물적 낭비의 제도화보다도,
인적 낭비의 제도화가 필요해질 것이다. ② 경제적 가치보다도
문화적 가치를 중시하게 될 것이다. ……에너지와 식량의 유한
(有限) 문제, 팽창하는 세계 인구, 일본인의 사고방식, 세계 속에
서 일본의 위치와 입장 등으로 미루어, 지금 우리는 이 두가지
점에 대한 대책을 강구해야만 할 것이다. 식자(識者) 중에 이를
부정할 사람은 없을 것이다.

인적 낭비의 제도화

이러한 관점에서 유통업계의 증가하는 종사자 수를 파악해

보자.

나는 미국이나 유럽 등 여러 나라에 자주 나간다. 그래서 그
쪽에는 친구나 지인(知人)도 많다. 그들은 주로 엘리트들인데
그들과 이야기를 하다 보면 싫든 좋든 일본적 특성이라든가 일본
인의 슬기라는 것을 알게 된다.

예를 들면,

(1) 서독은 철저한 카르텔 사회지만, 일본은 철저한 과당경쟁
사회이다.

(2) 구미인은 장기적, 계획적 발상을 할 수 있지만, 일본인은
단기적, 충동적 발상에서 좀체 벗어나지 못한다. 현실적으로
일본에서는 장기적, 계획적 발상이 실현되는 일이 드물기 때문일
것이다.

(3) 일본인은 언제나 현상 긍정형이다. 큰 변화는 없더라도
끊임없이 변화하면서 개인적으로나, 또 사회 전체로서도 세상의
움직임에 잘 따라 간다. 그러므로 일본인에게 혁명은 불필요하
다. 그러나 구미인에게는 변환자재(變幻自在)의 시류적응(時流
適應)은 불가능한 것 같다.

(4) 일본인은 원청(原請)과 하청(下請) 같은 이중구조라든
가, 기업과 생업 같은 서로 모순되는 것을 매우 교묘하게 사회제
도로서 살리고 있다(이것을 설명해 주어도 그쪽 사람들은 잘
이해하지 못한다). ……등등이다.

이와 같이, 일본인의 슬기를 생각나는 대로 몇가지 들어보아도
이미 일본인은 '인적 낭비의 제도화'를 완성한 것처럼 생각된
다.

전세계의 사람들 중에서 일하는 것을 선(善)=[덕행(德行)]
이라고 믿고 있는 것은 유교와 프로테스탄트 사상의 세례를 받은
나라 사람들=일본이나 한국, 서독이나 미국 같은 나라 뿐인데,

〈표 6〉 1977년의 소매업의 종사자, 점포, 매장면적의 증가
( )안은 전년 대비 증가

종 업 자	약 20만명 (3% 증가)
점 포	약 7만점 (4% 증가)
매장면적	약 450만㎡ (5% 증가)

자료 : 니혼 마케팅센터

① 일본인에게는 일한다는 것이 선이며, 일하지 않는 자는 먹어
서는 안되는 것으로 인식되어 왔다. 또 좁은 국토에 1억 1,000
만명이 북적거리고 있다. 살아가기 위해서는 식량과 자원의 수입
이 필수적이고, 그러자면 수출입국(輸出立國) 정책을 추진하여
外화를 획득해야만 한다. 그 방법은, ② 철저한 생력화형(省力化
型) 고성능 공정의 설립, 또는 ③ 하청, 생업형(生業型) 생산형태
의 유지에 의한 경쟁력의 확보이다. 그런데 일본인은 교육수준이
높으므로 그것은 당연히 고기술, 고교양형(高敎養型)이 될 것이
다. 그리고 ④ 각자가 독립성과 엘리트성을 지니게 되고 대기업
영세기업을 막론하고 고기술 고품질을 무기로 삼을 것이다.

이렇게 생각해 볼때, '인적 낭비의 제도화'와 함께 '문화적 가치
를 중시하는 풍조화(風潮化)'의 방법도 일본에서는 그다지 어려
운 일이 아닐 것 같다.

실업자 수용소

여기서 현실 문제로 돌아가자. 표6에 제시한 바와 같이, 197
7년 1년간에 소매업의 종사자 수는 약 20만명, 점포 수는 약 7
만점, 매장 면적은 약 450만㎡ 증가한 것으로 추정된다. 이 가운
데 대형점의 증가는 각각 약 2만명, 200개점, 100만㎡라고 예상되
므로, 이들 소매업 전체 증가분의 태반은 생업형을 중심으로

한 중소 영세점인 셈이다.

도매업의 경우도 마찬가지로 약 20만명의 종사자가 증가했으며, 분야는 약간 다르지만 음식점의 종사자도 20만명 남짓 증가한 것으로 알려진다.

표1의 '상업통계' 수치를 다시 한번 보면 잘 알겠지만, 여기서 말한 연간 종사자의 증가는 1974~76년에 비해 분명히 (77년은) 증가 경향을 보이고 있다.

그 이유는 제2차 산업 인구의 감소와 함께 생각하면 쉽게 알 수 있다. 지금 일본의 제2차 산업 인구는 연간 40~50만명(약 3%)의 비율로 감소되지 않을 수 없다고 추정되는데, 불황이 심해짐에 따라 이 물결은 지난 해부터 제2차 산업에 밀려닥쳤다고 할 수 있다. 제2차 산업에서 밀려난 사람들은 수준이 낮은 도매·소매·음식업으로도 밀려들지 않을 수 없었던 것이다.

이들 변변찮은 산업은 이른바 '장사'라는 말이 더 어울리는데, ① 아마추어(비전문가)라도 경영이 가능하고, ② 자금이 비교적 적게 든다. ③ 그리고 그 태반이 영세기업이므로 노력하면 급속히 발전한다. ④ 또 많은 사람들의 생계와 직결되므로 정치적인 보호를 받는다. ⑤ 일본인의 특성인 지혜의 활동에 매우 적절하다……등의 이유로, 다른 기업에서 노동력의 수요가 있을 때까지, 이른바 제4차 산업이 성숙할 때까지, 싫든 좋든 노동력을 받아들일 수 밖에 없을 것이다. 말하자면 제3차 산업은 제2차 산업에서 밀려난 사람들의 수용소 구실을 하지 않을 수가 없는 것이다.

경제적, 합리적으로 생각하면, 현재 사람도, 점포도, 매장도 이미 많은 형편이지만 아직도 더 증가될 전망이다. 그러나 일본 경제를 거시적으로 볼때, 지금 해야 할 가장 중요한 일은 실업의 방지와 제2차 산업의 이익 회복이다.

〈표 7〉시장과 슈퍼의 임차 조건(계약 면적 3.3㎡당)

	보 증 금	월 간 임 차 료
슈퍼마켓	50만엔	5,000엔
시장의 테넌트 (식료품점)	100~200만엔	1~2만엔

상업, 음식업 등을 비롯한 제3차 산업은 인간이 주체인만큼, 생력화가 경쟁적으로 심해지면 메릿(merit)이 없어진다. 반대로 인적 자원의 투입이 고부가가치로 연결된다. 그리고 하청 메이커 라든가 영세 소매업과 같은 생업자(生業者) 우대의 시스템도 일본인의 슬기로서 이미 확립되어 있다.

일례를 들겠다. 간사이(關西 ; 교토·오사카 지방)에는 '시장 (市場)'이 많다. 간사이 사람인 나는 시장에 대해서 특히 밝은 편인데 수년전부터 재미있는 현상을 발견하게 되었다. 간사이의 교외에 있는 도시의 사영철도(私營鐵道) 역전에 슈퍼마켓과 시장이 생겼을 경우, 다 같이 임대한 땅이나, 임대점포로 경영한 다면 시장 쪽이 훨씬 유리하다는 사실이다.

식품 판매를 주로 하는 슈퍼와는 상대적으로, 시장의 테넌트 (임대점포) 가운데, 육류·생선·청과 등의 식품점은 계약면적 3.3㎡당 2~4배의 보증금, 임대료를 지불하고 있는 예가 많다.

예를 들어 슈퍼는 각각 50만엔, 5,000엔의 임차조건이라야 겨우 수익이 나지만, 시장 테넌트는 표7과 같이 100~200만엔의 보증금, 1~2만엔의 월세만으로도 충분히 수지가 맞는 것이다. 그 이유는, 금융비 인건비를 고려할 필요가 거의 없고, 또 세금도 지불하지 않는 생업 경영과 슈퍼와 같은 기업경영은, 예를 들면 다 같은 육상경기도 단거리와 장거리 만큼의 차이가 있다는 것을 안다면 이해가 갈 것이다. 기업으로서 슈퍼의 대량구매, 대량판매보다는 생업의 메릿(장점) 쪽이 일본에서는 훨씬 높은 것이다.

이런 것은 물리적 합리화가 경영 메릿과 연결되지 않는 예인데, 일본인은 '하찮은 장사'가 존재하는 모든 분야(하청 제도가 있는 제조업을 포함하여)에서 이런 시스템을 완성한 것이다.

이것은 일하는 것이 선＝(덕행)이고, 일하지 않으면 살아갈 수 없다는 일본인의 슬기로서는 최고의 것이라 할 수 있다. 《유통혁명론》은 그 착안점과 발상법은 옳았지만 '물적인 낭비의 제도화'가 이루어지지 않는 시대적인 흐름과 '일본인의 슬기'에 의해 실효를 거두지 못했다고 할 수 있다.

제 2 장 유통인구 증대의 의미

　제1장에서 말했듯이, 도매·소매업의 종사자 수는 지금 계속 불어나고 있다. 뿐만 아니라 음식업이나 소비재의 가공 메이커 종자사 수도 증가 중이다. 1962년,《유통혁명론》이 나왔을 때와 현재, 그리고 장래를 예측해 비교하면 표8과 같이 된다.

　계속 증가하는 이유는 이미 제1장에서 말했다. 또 이들 산업의 종사자 수는 부족하기 때문에 불어나는 것이 아니라 취업 가능자가 생활을 위해, 일을 하기 위해 제일 손쉽게 달려들 수 있는 산업이고 업종이기 때문에 불어나는 것이다.

　물론, 나의 개인적 관측으로 본다면, 1977년부터 수년 동안, 이들 유통관계 인구는 급증하겠지만 85년 직전부터는 아주 소폭으로 불어나거나 제자리 걸음을 하게 되리라 짐작된다(표 8의 예측은 '상업통계'에 의거한 추정치인데 '국세조사'에 의거하면 수치가 꽤 달라진다. '국세조사'의 상업 취업 인구는 1960년에 687만명, 75년에는 1,129만명으로 모두 '상업통계'의 도매·소매업 종사자 수보다 상당히 많다).

　어쨌든, 유통 인구의 팽창은 이제 부정할 수 없는 현실로 되어 버렸다. 그것을 대량화, 합리화 발상＝물리적, 경제적 합리화 발상으로 본다면 넌센스이다.

〈표 8〉유통관계 종사자 수의 변화

(단위 : 만명)

			1962년	72년	76년	현재	85년
도	매	업	213	301	352	약 380	약 450
소	매	업	355	514	558	약 600	약 780
음	식	업	99	189	226	약 250	약 350
어 패 럴 메 이 커			(1963년) 43	(73년) 66	—	약 75	약 80

자료 : 도매·소매·음식업의 종사자 수는《상업통계》에서, 어패럴 메이
커의 73년까지의 종사자 수는《공업통계》에서, 현재와 85년의
종업자 수는 나의 추정.

유통혁명론의 논리적 골자에는 '신속성, 대량성, 정확성, 효율
성 등'에 대한 일종의 신앙(信仰)이 배어 있었다. 이러한 사상·
발상·신앙을 이제 현실의 문제로서 부정해야만 하는 것이다.
나니와다 하루오(難波田春夫)씨 식으로 말해, 근대경제 체제로
써는 해결할 수 없게 되어버린 것이다. 그 결과 지금 일본의 유통
업계에는 현실인식·사상·전략 등에서 대혼란이 일고 있다.
2장에서는 어느 것이 옳은가, 어떻게 생각할 것인가를 실태를
살펴가면서 설명하겠다.

1. 대형점 규제는 앞으로도 계속된다

소형 점포 보호는 정치적 문제

'상업통계' 조사로 추정컨대, 현재 일본의 소매업 매장 면적은
약 9,000만㎡, 소매업 판매액은 연간 80조 엔을 넘을 것으로 판단

〈표 9〉 대형점 세어의 추이

	전국소매점총매출액	소매 총매출액에 대한 대형점 세어		
		백화점	양판점	계
	백만엔	%	%	%
1966년		8.5	3.2	11.7
70년		9.1	6.1	15.2
72년	23,234,980	11.5	8.8	20.3
73년	26,543,400	12.7	10.6	23.3
74년	33,378,691	12.2	10.9	23.1
75년	38,156,300	11.8	10.9	22.7
76년	46,161,834	10.6	11.0	21.6

자료 :〈니혼 섬유신문〉

된다. 이 가운데서 소형의 순소매점 판매액은 60수조 엔쯤 될 것이다. 한편 백화점·양판점 등의 대형점 매장 면적은 약 1,500만㎡, 연간 판매액은 14조 엔쯤 될 것이다.

표9는 '니혼 섬유신문'의 조사 수치인데, 이 표는 각종 통계수치 중에서도 상당히 정확도가 높은 것으로 믿어진다. 내 추정으로는 금년도 대형점 세어(시장 점유율)는 21~22% 가량으로, 73년 이래 제자리 걸음을 하고 있는 것 같다(엄밀히 말하자면 백화점·양판점=대형점이라는 규정은 옳지 않다. 그러나 현재까지는 거의 옳았다고 생각된다. 앞으로는 상당히 차이가 날 것이다).

소매점의 실제 매장 면적은 우리가 느끼기에 1억㎡를 틀림없이 웃돌고 있다고 여겨지는데, 그렇다면 대형점은 약 15%의 매장 면적으로써 약 22%의 매출 세어를 차지하고 있는 셈이다.

일전련(日専連)이, 대형점은 소형점에 대해 단위면적당 약 1.5배의 매출을 올리고 있다고 보는 것은 옳은 판단인 것 같다.

이와 같이 실제상의 수치로 판단하면, 그렇게 위협을 느끼지 않아도 될 법한 대형점에 대해 어째서 그 규제가 문제되는 것일까.

이유는 명백하다. 소비가 거의 제자리 걸음인데도 소매점이 계속 불어나기 때문이다. '대규모 소매점포법'이나 각종 '조례' 로 규제하더라도, 대형점의 매장 면적은 일반 소매점보다도 비율 적으로 많이 증가한다(작년 1년간, 450만㎡의 전 소매 매장 면적 의 증가 가운데, 100만㎡가 대형점의 증가분이므로 22% 남짓 된다). 그뿐 아니라 경쟁력이 강하다. 즉 단위 면적당 매출이 높다. 방치해 두면 일반 소매점의 종사자 생계가 어려워질 수 밖에 없다.

지금 600만명, 곧 800만명의 종사자가 북적댈 것으로 추정되는 일본의 소매업계를, 아무런 손도 쓰지 않고 자유 경쟁원리에 방치해 두면 어떻게 되겠는가. 아마도 많은 사람들이 생활의 위협을 받게 될 것이다. 이들을 흡수할 수 있는 노동시장이 현재 의 일본에는 어디에도 없다. 정치적 입장에서는 이들을 보호해야 만 한다.

그 방책으로는, 이들이 일을 하여 생계를 세울 수 있는 조건에 있도록 하는 것이 가장 바람직스럽다. 그래서 대형점 규제=소형 점·생업 가게의 보호는 정치적으로 정당한 것이다.

그런데, 이러한 규제의 결과로 경영상 큰 타격을 받을 것으로 판단되는 양판점의 결산 수치는, 이 불황 속에서도 대체로 좋은 결과를 나타내고 있다. 이러한 조건을 감안하여 가까운 장래의 일을 생각해 보면,

(1) 소매업에 노동인구가 계속 유입되고, 또한 그 대부분이 중소형 영세소매업 종사자(77년의 추계로는 연간 증가 종사자 20만명 가운데 18만, 약 90%까지는 중소 영세점 종사자)이 며,

(2) 이들의 생계를 소매업이라는 직업을 통해 확립하지 않을

수 없는 것이 일본의 경제적, 산업적 요청이므로 대형점 규제는 앞으로도 계속될 것으로 보아야 할 것이다.

2. 공급과잉은 없어지지 않는다

'계획'을 받아들이지 않는 과잉생산 체질

소매점 종사자가 증가한다, 매장 면적이 늘어난다는 것은 소매점의 경우, 지금의 자본주의적 자유주의 경제 체제하에서는 반드시 공급과잉을 초래한다는 것을 뜻한다.

소매점이라는 것은, 일반적으로는 상품을 점포에 진열하지 않으면 팔리지 않는 업태이다. 뿐만 아니라 경쟁격화→단위점에서의 상품량과 품목수의 증가가 업적 향상을 위해 필요한 업태이다.

일반적으로 매장 배증(倍增)＝상품 재고량 3배 증가＝품목수 4배 증가가 가장 올바른 경영 노하우라고 일컬어지는 것은 이런 이유 때문이다. 도매업도 마찬가지이다.

지금의 일본은 말할 것도 없이 과잉생산 체질에 이미 빠져버렸다. 그리고 무역 수지의 흑자 폭 축소를 위해 내수 확대, 소비재 수입은 국가적 방침이기도 하다. 점포에 진열할 생각만 갖는다면 상품은 얼마든지 있다는 것을 이해할 것이다.

그리고 또, 소비재 가공 메이커도 손쉽게 달려들 수 있는 업계의 하나인데, 좀체로 노동인구는 감소되지 않는다. 의류(衣類) 메이커 등은 도리어 증가하고 있다(표8 참조). 팔리기만 한다면 상품은 되도록 많이 만들고 싶은 것이다.

이와 같이 추론해 나가면 매장 증가＝상품의 가수요(假需要) 증가라는 공식이 성립한다. 그러나 소비의 실태가 실질적으로 활발하지 못한 이상, 그것은 당연히 최종적으로 공급과잉이 되고 물적(物的) 낭비가 된다. 언제까지 이 악순환이 계속될 것인지는 잘 모르겠으나, 점포 증가→가수요→물적 낭비의 시스템화(化)가 적어도 10년쯤은 되풀이 될 것임에 틀림없다.

그 결과, 가격 체계가 반드시 무너지게 된다. 팔리지 않는 상품은 바겐세일로 처분하려 한다. 그 때문에 유통 경로는 점점 복잡해지고 가격은 원가 가산 방식보다도 수급(需給) 밸런스에 의해 결정된다.

계획적인 상품 제조, 매스 메릿(mass merit) 등이 좀처럼 통용되지 않는 현상은 이미 현재 완전한 공급과잉 체제하에 있음을 뜻하고 있다. 그리고 가까운 장래에 이 경향은 보다 가속은 될지언정 결코 감소되지는 않을 것이다. 동시에 당연한 귀결로서 유통업계에서는 손님과 가장 가까운 입장에 있는 소매업의 동향이 업계의 중심이 될 수 밖에 없을 것이다.

3. 오리지널 상품은 어렵다

위험한 브랜드 신앙

메이커나 도매업자가 오리지널 상품을 만드는 것은 이익 확보를 위한 유력한 수법이다. 브랜드 이미지의 유지를 포함한 브랜드 전략 등도 이 오리지널 상품 만들기를 궤도에 올리는 한 수법이라 하겠다.

메이커나 도매업자 뿐만 아니라, 최근에는 소매업자도 프라이빗(사적인) 브랜드를 비롯한 오리지널 상품 만들기에 적극적으로 달려들기 시작했다. 왜냐하면 그것이 이익의 확보와 차별화를 위한 보다 효과적인 방법이라는 것을 이론적으로 생각할 수 있기 때문이다.

그런데 그 성과는 신통하지 않다. 소비자에게는 몇 안되는 톱 브랜드가 아니면 다른 브랜드 같은 것에 별 흥미가 없는 것이다.

나처럼 소비재의 생산 구조에 통하고, 현실적으로 오리지널 상품이나 프라이빗 상품 만들기의 실태를 잘 알고 있는 입장에서 본다면 이런 소비자 심리는 당연하게 비치기도 하거니와 그 만큼 현실 문제로서 일본에서는 오리지널 상품 만들기가 어렵다.

라벨을 떼어버리면 '레나운'과 '나이가이'가 만든 스웨터를 구분할 수 있는 사람은 아마 없을 것이다. 또 트로전, 매켄지, 존와이츠, 다반 등에서 신사복의 상이점을 도대체 몇 사람이나 알고 있을까. 하물며 자스코나 다이에, 혹은 이토요카토의 점포에서 팔리고 있는 속옷이나 식품의 프라이빗 브랜드가 소비자에게 얼마 만큼의 가치를 지닌단 말인가.

일본의 소매점도 매우 비슷비슷하다. 소매업계에는 많은 사람이 밀려 든다. 점포는 자꾸만 늘어난다. 보다 유리하게 살아가기 위해 경쟁해야만 한다. 팔리는 상품을 모아야만 된다. 공급과잉, 수입 촉진의 환경때문에 이런 일들은 비교적 간단하다. 결국 각 점포마다 같은 상품으로 메워지고 만다.

그 최대의 이유는 메이커나 도매업자 등의 소비재 공급업계가 공급과잉 체제이기 때문이다.

기후(岐阜) 산지(産地)의 비밀

예를 하나 들겠다. 구미 각국의 의류업계는 크리스마스 상품 (겨울철 의류)에 대해서 어디서나 10월 10일경이면 생산을 중지한다. 그로부터는 봄철 의류에 달려드는 것이다. 그러나 일본에서는 2월 하순까지 겨울철 의류를 만든다. 계획상품 만들기보다도 그때 팔수 있는 상품을 얼마나 빨리 만들어 내느냐는 것이 일본 의류 메이커의 최대의 경영 노하우인 것이다.

왜냐하면, 계획적으로 의류를 만들려면 1억 1,000만명의 일본인에게 의류를 공급하기 위해, 많이 잡아 30~40만명의 의류 메이커 종사자가 계산상 반드시 필요하게 된다. 그런데 현재 의류 메이커 종사자는 70여만명에 이르고 있다.

당연히, 계획생산은 어려워진다. 그보다도 그때 팔 수 있는 것을, 팔리고 있는 상품을 모방하여 단시일에 만들어 내는 편이 리스크가 적다.

의류 메이커의 사업장 수를 보더라도 카르텔 사회인 서독의 약 40배나 된다. 일본이 서로 발목을 잡고 늘어지는 과당경쟁 사회라고 일컬어지는 것은 '나도 사장'이라는 스타일의 일본적인 국민성 이외에, 산업 구조나 인적 구조에도 그 큰 이유가 있다.

그뿐 아니라 일본은 현재 급속히 기술이 고도화 되고 높은 교양사회로 변화되고 있다. 비록 단시일에 생산하는 모방상품이라 할지라도 좋은 상품을 만들 수 있다. 그리고 리스크도 적고 또 이들 생산자의 대부분이 생업자이므로 싸게 제공할 수 있다. 소매점도 이들 상품이 잘 팔리고 이익률이 높기 때문에 경제적으로 구매하게 된다. 오리지널 상품 만들기는 점점 어려워지고 또 오리지널 상품은 가치가 저하된다.

의류업계의 예를 들면, 제2차 대전 전에는 공장이 무(無)와 다름없었던 기후(崎阜)가 현재 일본의 의류 총생산고의 40 %를 생산하여 오사카・도쿄・오카야마(岡山) 등 옛날부터 유명했던 생산지를 누르고 완전히 톱이 되어버렸다. 이 기후 산지의 특질 이야말로 한마디로 말해 '그때 팔리는 것을 단시일에 생산하는 획기적인 능력'이라고 할 수 있다.

지금은 백화점이나 또는 고급 전문점이든, 의류에 대해서는 기후산(崎阜産)을 제외하고 장사를 하겠다는 생각은 아예 할 수도 없게 되었다.

식품・일용품・문화용품의 경우도 의류와 대동소이하다. 이리 하여 일본에서는 최종 소비재의 오리지널 상품 만들기는 가까운 장래를 상정해보더라도 현실적인 문제로서 좀처럼 소기의 효과 를 발휘하기 어려울 것으로 예측된다.

4. 상품 제압보다도 상권 제압 전략

'올 마이 존' 전략

1975년도 초에 나는 "이제부터는 상권(商圈)제압전략＝올 마이 존(all my Zone) 전략의 시대이다. 또한 통합화의 시대이기 도 하다. 한 사람의 손님, 한 군데의 회사(거래처＝손님), 어느 특정지역의 손님에게, 그 손님이 원하는 모든 것을 제공하는 시대가 왔다. 지금까지와 같이 특정한 상품을 가지고 많은 손님 들에게 팔려는 전략으로는 앞으로가 불안정할 것이고, 고생만 많았지 얻는 것이 없을 것이다." 라고 발표했다. 그 당시 이 견해는 완전히 무시되었다.

그런데 76년 말엽부터 이 상권제압 전략의 발상이 유통업계에서 보기좋게 각광을 받기 시작했다. 도매·소매의 업태와 관계없이 실제적인 문제로서 상권제압 전략의 성과가 업적에 반영되기 시작한 것이다.

금년 4월에 우리 회사＝일본 마케팅센터가 주최한 '제1회 상권제압 전략 세미나'는 유통업계의 유력 기업으로부터 참가신청이 너무 많아 사무국은 즐거운 비명을 질렀고, 세미나의 결과도 지금 유통업계에 큰 화제를 제공하고 있다.

소매업계에는 "기업의 신장을 위해서 체인 스토어 시스템을 채택해야 한다. 그것도 점포 수가 100점 내지 200점 이상 필요하다. 따라서 내셔널 체인이 최선이고, 로컬 체인으로는 장래성이 없다"는 등의 발상이 분명히 있었다. 지금도 일부에는 있다.

이것은 오리지널 상품 만들기를 기본으로 삼고 매스 매릿, 관리(管理) 메릿을 추구하려는 것인데, 논거로서는 명쾌하여 만인이 수긍할 수 있는 완전한 상품제압 전략형 발상이다.

그러나 현실적인 문제로서, 오리지널 상품 만들기는 이미 말했듯이 매우 어렵다. 매스 메릿을 최대의 무기로 삼아 온 내셔널 체인의 각 양판점들이 오이타(大分)나 가와고에(川越)에서는 한 지방 백화점에 의해 완패당했다.

오리지널 상품 만들기가 전략으로서 잘 기능하지 않는 한, 상품제압 전략은 일본에서 기대치 만큼의 실효를 거두지 못한다. 끊임없이 많은 리스크를 안고 언제까지 가도 경영 기초가 굳어지지 않는 것이다.

유통업계에 많은 사람이 계속 몰려들고 경쟁이 심해지면 심해질수록 살아남기 위해서는,

(1) 사람·돈·상품의 집중력을 강화해야 하고,

(2) 스피드와 변환(變幻)자재성을 갖추어야 한다.

그러나 상품 제압 전략의 경우는, 본부와 제일선 영업소의 거리적인 문제나 제일선 영업소의 성격으로 보아 이들 경쟁대책 수법은 거의 채택할 수가 없다.

한편, 기업은 장래의 안정을 지향하는 전략을 어느 경우든 필요로 한다. 상품 제압 전략은 경쟁이 심하지 않은 곳이나, 혹은 오리지널 상품 제조로 차별화가 가능한 때 훌륭한 전략이지만, 이것이 불가능해지면 이를 대신할 전략을 강구해야만 한다. ……때마침 이런 점에 대해 유력한 유통기업의 경영자가 관심을 갖기 시작했을 즈음에 나의 '상권 제압'의 구상이 나왔던 것이다.

업적과 셰어의 관계

내가 경영 컨설턴트로서 관계하고 있는 기업의 업적을 살펴보면 도매업이나 소매업 다 같이, 한 단골 또는 한 지역에 대한 셰어가 높은 기업은 매우 좋은 업적을 올리고 있다.

현재의 실례를 들어보면, 자스코는 내셔널 체인의 양판점이지만 미에현(三重縣)에서 제일 많은 이익을 올리고 있다. 미에현에는 자스코 이외의 유력점도 많으나 금년 2월의 결산기 시점에서, 미에현 내의 자스코 점포는 20점포(그중, 대형점 14점포), 매장면적은 7만 9,509㎡(그중 대형점 7만 6,461㎡), 지난 1년간의 매출액은 522억 7,845만엔에 이르고 있다. 이것은 미에현 내의 전체 대형점 수가 차지하는 비율 49.2%, 전체 매장 면적의 60.1%로, 미에현은 완전히 자스코의 제압권이라고 할 수 있다.

히로시마(廣島)에 본점이 있는 비단 옷감(포목)의 유력한 로컬 체인인 미야비는 히로시마의 중심지인 핫초호리(八丁堀), 혼도오리(本通), 가미야초(紙屋町)등 직선 거리로 1킬로미터 사이에 6개 전문점이 전개되어 있다. 이 6개점에서 히로시마시(市)의 연간 비단 옷감 및 전통 옷의 총판매고 300억엔의 10%를 판다. 미야비는 히로시마시의 중심부 뿐만 아니라 히로시마현, 오카야마(岡山)현, 에히메현(愛媛縣) 등지에도 체인점을 전개하고 있으나, 이익의 근원은 이 히로시마시 중심부의 6개 점포인 것이다.

이러한 예는 근년들어 도매·소매를 불문하고 많이 생기기 시작했다.

예를 들면 소매업의 경우, 한 상권 내에서 셰어를 높이기 위해 백화점·전문점·양판점 등 모든 업태의 점포를 상권 내에 전개한다. 이것도 상권 제압의 한 수법이다. 또 400m 간격으로 매장 면적 300㎡의 식품 슈퍼를 전개한다. 이것 또한 상권 제압의 한 수법인 것이다.

어쨌거나 경쟁 격화와 더불어 유통기업은 좋든 싫든간에 앞으로는 상권 제압 전략을 취하지 않을 수 없을 것이다.

상권 제압 전략은 현재의 상황으로 미루어, 장래의 기업에 안정과 안전을 가져다 줄 것으로 전망되는 매우 귀중한 전략의 하나임에 틀림없다.

5. 표준점의 체인화는 불가능

체인 스토어 이론

일본인은 세계에서 제일 모방을 잘 하는 인종이다. 그래서 그런지 일본에서는 모방이 기업 업적을 올리는 지름길이기도 하고 또 모방은 선(善)으로서 긍정되고 있다.

표준점의 체인화 이론은 주로 미국에서 발달하여 실행에 옮겨졌다. 모방을 좋아하는 일본인은 그 논거의 명쾌함과 미국에서의 실태를 보고 이것에 달려들었다.

이것이 지난 15년간, 일본의 유통업 경영자 대부분이 금과옥조로 삼아 온 이른바 '체인 스토어 이론'이다.

체인 스토어는, 이론적으로는 '표준점을 체인화'하는 메릿을 추구하는 소매 형태이다. 표준점을 형성해야 하므로 유사한 입지에 유사한 규모로 동일한 상품구성의 점포를 만들게 된다. 이런 점포를 많이 만들어서 관리 메릿과 집중 메릿을 끌어내는 것이 체인 경영의 포인트이다. 따라서 거기에는 반드시 관리와 집중을 위한 본부 기구(機構)가 필요해지는데, 이상적으로는 한 모델 점포에서의 최선의 방식을 그대로 각 점포에 적용시킬 수 있으면 그것이 최선이 된다. 그리고 점포 수가 늘어나면 늘어날수록, 각 점포가 표준점이면 관리 메릿과 집중 메릿이 나타나게 된다.

상품 구매도 마찬가지로 각 점포가 동일한 입지·규모·상품구성이면 모두를 모델 점포와 함께 본부에서 일괄 구매할 수가 있다. 그러면 매스 메릿을 포함하여 관리 메릿, 집중 메릿을 철저히 추구할 수가 있다. 그러나 이 체인 스토어 이론은 일본처럼 소매업의 경합이 격심하고, 사회적 변화가 급속한 나라에서는 커다란 장벽에 부딪히게 된다.

이상적 체인 경영은 성공 못한다

일본의 사회적인 구조나 일본인의 성격으로 보아, 이상적인 체인 스토어 경영은 일본에서는 불가능하다고 나는 판단하고 있다.

그 이유를 간단히 말하겠다.

(1) 경쟁이 심해지면 손님인 소비자는 특정한 점포로 집중하게 된다. 이 특정 점포의 조건은 ① 인적 서비스가 타 점포보다 좋고, ② 상품력(상품의 양·수·폭·질로써 결정된다)이 타 점포보다 강한 점포이다. 소매점의 경합은 폐쇄시장에서 이루어지는 것인만큼 체인화 된 표준점은 경쟁이 심해질수록 앞서 말한 인적 서비스와 상품력이 항상 타점보다 낮다는 조건을 충족시키기 어려워진다.

극단적으로 말하면, 어디서나 항상 1등점이 될 수 있는 표준점을 설정하지 않으면 표준점의 체인화는 많은 장소에서 동업점포로부터 가장 알맞는 목표로 지목되어 밥이 될 공산이 크다.

(2) 표준점의 개성화, 차별화가 일본에서는 아주 어렵다. 일본인의 특성은 모방을 잘 하는 데 있다. 또 사회적으로 모방을 허용하는 관습이 있다. 신규로 개점한 체인 스토어가 만약에 좋은 성적을 올린다면 그 점포는 내용·외관·상품 등이 당장 모방되며, 모방한 동업자는 그 이상의 것을 곧 만들어 낸다. 이것이 일본인의 특성이고 일본 업계의 풍토라고 할 수 있다. 개성화, 차별화를 오랫동안 유지할 수 있는 풍토가 아니라는 것은, 체인 스토어 경영의 승부수라고도 할 수 있는 상품의 오리지널성에 있어서도 말할 수 있다. 오리지널성이 있고 또한 손님의 요망에 부응할 수 있는 상품이 한 때는 귀한 존재일 수도 있겠지만, 생산 시장에서 과점화(寡占化)되지 않는 한, 순식간에 유사품이 나타나 흔해빠진 것으로 되어버린다. 이것이 일본에서 소비재 생산 구조의 특색이기도 하다.

(3) 일본인은 독립심이 매우 왕성한 인종이다. 그러나 매사를 끊고 맺고 확연히 구분하는 일은 아주 서툴다. 그런데 체인 스토어의 경우는 '로열티'에 대한 인식이나 장사에 대한 '의욕'이 능률

에 민감하게 반영한다. 예를 들면 상품을 파는 경우, 장사에 대해 좀 알게 되면 으례 스스로 상품구매를 하려 들고 자기의 개성을 살린 점포를 만들려고 한다. 본부에서의 관리가 강력하면 강력할수록 종업원의 모럴은 저하되고, 경쟁력이 약한 점포가 되어버린다.

(4) 일본은 세계에서 가장 사계절의 변화가 뚜렷한 국토를 가지고 있다. 좁지만 남북으로 길게 뻗어 있어 홋카이도(北海道)는 여름에도 시원하고 오끼나와(沖繩)는 겨울에도 따뜻하다. 단일 민족, 단일 언어라지만 거주 조건이 이만큼 언밸런스한 나라도 별로 없다. 더욱이 좁은 곳에 집중적으로 살고 있다. 이런 조건 때문에 표준점의 체인 스토어보다도 지역성에 합치되고, 모든 상품을 구비한 총합 대형점쪽이 훨씬 유리하다.

그리하여 일본에서는 이상적인 체인 스토어가 성립 불가능해진다. 소매업계로의 많은 사람의 유입, 점포의 증가, 심한 경쟁은 이상적인 체인 스토어의 부정에 더욱 박차를 가하게 될 것이다.

그러나 현실에 맞지 않는다고 모든 체인 스토어 이론 자체를 부정할 필요는 없다. 그 장점을 살려서 일본식의 체인 스토어를 만들면 된다. 표준점의 체인화는 불가능하더라도 1등점의 다점포화(多店舗化)는 이론상으로나 실제상으로 가능하다. 그리고 그 운영의 과정에서 매스 매릿이나 관리 메릿을 추구하면 된다.

상세히 검토해 보면, 현재 일본에서 체인 스토어라 불리고 있는 것은 모조리 일본식 체인 스토어이다. 앞으로도 일본에서는 일본식 체인 스토어가 주류를 이룰 것이다. 다만 그것이 상품 제압에서 그칠 것이 아니라, 상권제압 전략의 일환으로서 잘 구성되고 이용될 때 놀라운 위력을 발휘하리라 짐작된다.

6. 전문점보다 총합점 시대

일등점을 고수하라

수년전부터 매스컴은 전문점 시대의 도래를 훤전(喧傳)하기 시작했다. 또 경쟁이 격심할 때는 상품의 정선화(精選化)＝전문화야말로 최선의 경영개선 수법이라는 것도 경영 컨설턴트의 상식이었다. 그러나 나는 이론상으로나 업무상으로, 이런 의견이나 상식을 줄곧 무시해 왔다.

분명히 1960년대 후반에 일부 톱 클래스 전문점의 성장은 눈부셨다. 전문화 함으로써 경영 개선의 성과를 올린 유통기업도 많았다. 그들 기업의 태반을 나는 알고 있는데, 그런만큼 나에게는 아무래도 이런 의견이나 상식이 일반적으로 침소봉대 된 것으로 느껴진다

십여년의 경영 컨설턴트 생활을 통해, 나는 여러 업종·업태 등 대소 수천개의 사업체와 관계를 맺어 왔다. 그래서 그 실태에 대해 속속들이 알게 될 수밖에 없었다. 그리하여 체득한 확실한 룰(규측)도 많다. 그중 하나에 '같은 노력을 한다면 취급상품이 많은 쪽이 틀림없이 이익을 더 만든다. 단, 경쟁 조건을 감안하여 능력에 여유가 있는 경우'라는 것이 있다.

나는 경험상, 마케팅의 목적은 자기 힘에 상응하는 범위에서 일등이 될 수 있는 것을 시장에서 찾아내는 것이라고 생각하고 있다(그림 3 참조). 그리고 힘이 있다면, 그것은 되도록이면 큰 시장에서 모든 손님을 대상으로 하여 모든 상품이 일등이 되게끔 하는 것이 최선이다. 능력이 없으면 당연히 상권·상품·손님을

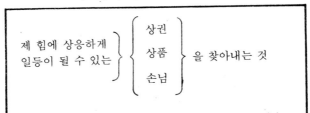

〈그림 3〉 마케팅의 목적

제 힘에 상응하게 일등이 될 수 있는 { 상권 / 상품 / 손님 } 을 찾아내는 것

✻ 힘이 있다면 상권은 넓게 잡고, 상품은 모든 것을 다루고, 손님은 모든 층을 대상으로 하는 것이 최선이다.

좁혀야만 한다.

이것을 알기 쉽게 말하면, 힘이 있다면 소매업에서는 전문점보다도 총합점화(總合店化) 하는 것이 더 낫다는 것이다.

내가 일등에 집착하는 것은 다음과 같은 이유 때문이다. 시장 안에서 경쟁이 심해지면 손님은 그중에서 최고의 일등 점포로 몰리게 된다. 일반적으로 시장 내에서 과점이나 독점 체제를 확보하고 있지 않는 한, 자유경쟁 시장에서는 경쟁이 심하지 않는 시장은 이익이 많이 생기는 마켓일 터이므로, 반드시 신규 참가가 계속되어 경쟁이 심해진다. 그리고 얼마 안가서 경쟁은 점점 더 격화하고 시장 내에서 일등인 경영체를 제외하고는 경영상의 메릿이 거의 생기지 않는 데까지 에스컬레이트 한다. 그래서 '능력상응, 일등확보'를 고집하는 것이다.

그리고, 이세(伊勢 ; 지금의 미에현)의 마쓰사카(松阪)에서 출발한 일개 비단옷감 점포였던 미쓰코시(三越)가 총합 백화점이 된 것도, 오사카 히라노마치(平野町)의 약품 할인판매업자였던 사카에 약품에서 발전된 다이에가 총합 양판점이 된 것도, 총합화 전략이 돈벌기에 쉽고 마케팅의 목적=원리에 알맞기 때문이라는 것을 충분히 이해할 것이다.

<그림 4> 기업의 발전사

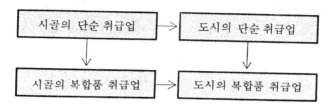

전문점 시대는 오래가지 않는다

세계의 각 기업체 발전사를 살펴보면, 그 시발은 대개가 시골의 단순 품목 취급업이다. 그것이 점차 실력을 갖추어 도시의 복합품 취급업으로 발전해 간다(그림 4 참조).

그리고 보면, 총합화의 프로세스야말로 발전의 프로세스임을 알 수 있다.

결국, 매스컴에서 떠드는 것처럼 전문점 시대가 만약에 온다면, 그것은 총합화를 꾀하여 기업을 보다 발전시키기를 포기한 점포의 시대가 온다는 것을 뜻한다. 또 전문화가 기업경영의 노하우로서 만약에 옳다면, 그것은 경쟁력이 약한 기업이 어느 한 시기, 일등이 되기 위해 어쩔 수 없이 전문화로 성공했을 뿐인 것이다.

지금 일본의 유통업계에는 날마다 수많은 사람들이 몰려들고 있다. 점포도 늘어난다, 경쟁도 심해진다, 손님들은 점점 사치스러워지고 호강을 누리고 싶어한다.

이런 경우, 전문화의 숙명인 데드라인(dead line)이 급속이 다가온다. 어느 정도 이상 전문화를 추진하면, 비록 일등점일지라도 대상인 고객수가 줄어들거나 상품의 절대 수요량이 감소하여 경영이 어려워지는 선이 데드라인이다. 따라서 현재 상황으로 미루어 볼때 일본과 같은 나라에서 전문점 시대라든가 전문화 노하우는 오래가지 않게 된다.

또, 오리지널 상품 만들기는 여간 어려운 일이 아니다. 동업자 사이에서 상품면에서 차별화는 좀체 나지 않는다. 그래서 전문점 에서는 인간력이 경쟁의 주요인이 된다고 일컬어진다. 그렇다면 밀착화 한 손님을 대상으로 하는 특정한 상품만을 제공하기보다 는 모든 상품을 판매하는 편이 당연히 효율도 좋아진다. 그리고 또, 경쟁 격화의 결과로 고객수의 절대적 감소가 나타나므로 전문점은 점점 더 성립되기 어려워진다.

현실적으로 지금 전문점의 경영 노하우는 상품면에서 데드라 인에 걸리지 않는 범위 내에서 일등 상품을 확보하고, 그 상품과 관련된 되도록 많은 상품을 다루는 것이다. 이 일등 상품을 많이 갖는 것은 그것만으로도 이익 증가를 뜻한다.

상권제압 전략 시대인 지금, 전략적으로나 손님의 요구에 부응 하기 위해서나 이제부터는 기업 점포로서 총합화를 지향하는 것이 옳다고 나는 생각한다. 물론 전문점도 한 덩어리가 되어 총합점화 하면 된다.

미국이나 유럽에서도 상업집단에서 떨어진 입지에 있는 전문 점의 존재는, 고정객만으로도 경영이 성립되는 경우를 제외하고 는 불가능해지고 있다.

어쨌거나 거시(매크로)적으로 보면 경쟁격화 시대의 장사 방법은 지금까지 다루고 있었던 상품을 계속 다루고 모든 서비스 도 그대로 실행하며, 여기에 새로운 상품과 새로운 서비스를 부가함으로써 살아남을 수 있는 것이다. 상품이나 서비스를 컷 (생략)하는 것은 사람과 상품이 자꾸만 특정한 업계에 밀어닥치 는 한, 자살행위임을 알아야 한다.

전문점, 전문화라는 듣기 좋은 꽃노래에 취해서는 안되는 것이다.

7. 복잡한 유통경로＝고물가(高物價)는 아니다

공급과잉과 수급 밸런스

일반적으로 장사하는 사람은 '물건을 싸게 들여와 비싸게 판다'는 행위로 이윤을 얻고 있다. 적어도 매입과 매출의 차액, 이른바 매출이익은 경영의 근본이므로 마이너스가 되는 일은 없다고 보아야 한다. 따라서 일본의 유통업계처럼 유통경로가 복잡하고 거래 회수가 많이 거듭되면 거듭될수록, 유통 마진이 누적되어 물가가 올라가게 된다는 것이 상식론이다.

그러나 현실은 이처럼 단순하지 않다. 자유경쟁 사회인 경우, 가격은 주로 수급 밸런스에 의해 정해진다. 잘 팔리는 상품인 경우는 메이커에서 직접 소매점으로, 더구나 양쪽 다 높은 마진을 확보할 수 있는 가격으로 현금거래되는 수가 많다. 그러나 잘 팔리지 않는 상품은 유통업계 내에서 이리저리 떠넘겨진다. 그때마다 가격은 싸지고 어음의 지불기일이 길어진다. 이리하여 일본의 유통업계는 자본주의 경제 안에서 가격 결정 구조의 모델을 충실히 보여주고 있는 것이다.

이 때, 식육(食肉)이나 쌀의 경우처럼 비자유(非自由)경쟁적인 외부의 힘이 작용하면, 유통경로가 아무리 단순명쾌하더라도 국제가격과 비교하여 부당한 소비물가가 형성되지만, 완전한 자유경쟁 아래 거래가 이루어지는 이상 소비자 물가는 소비재 업계가 전체적으로 공급과잉일 경우에는 정당한 가격이 형성되는 경향이 있다.

복잡하고 이상한 의류품 업계의 현실

　일례를 들겠다. 2차 메이커(봉제 메이커)·도매상·소매상이 복잡하게 얽혀 있고, 소매상으로부터 도매상으로 혹은 도매상에서 메이커로 상품이 역으로 흐르는 거래도 때때로 이루어지는 업계, 그야말로 복잡하고 괴상한 그림과 같은 의류 유통업계에서는, 소비자가 탐내는 상품에 대해서는 소매상이 현금을 들고 직접 메이커를 찾아가 구입하고 있다(이렇게 구입할 수 없기 때문에 도매상을 통해 장기지불 조건으로 100％의 상품을 구입하고 있거나, 팔릴지 안 팔릴지 알 수 없는 브랜드 상품을 선물발주(先物發注)로 구입하고 있는 소매점은 대부분 고객의 관심을 끌지 못하고 있다.

　한편, 팔리지 않는 상품은 그야말로 반의 반값으로 거래된다. 지불조건도 결코 좋지 않다. 이런 상품을 추적 조사한 적이 있는데, 그 상품은 몇번이고 도매상을 왔다갔다 하고 그 때마다 값이 떨어지다가 마지막에는 공짜나 다름없는 가격으로 변두리 소매상의 한구석에 진열되는 것이다.

　사람이 자꾸자꾸 밀려들고 가게가 증가하며, 공급과잉이 된 업계는 거기에 자유경쟁의 원리가 도입되어도 거래회수와 가격은 상관관계를 갖지 못하는 것이다.

　이러한 공급과잉의 업계에서는 무엇이 팔릴지는 대개 만들어서 팔아 봐야만 알 수 있다. 그러나 팔리는 상품은 어느 기간, 어느 정도의 로드(rod : 권위)를 가지고 날개 돋친듯이 팔리는 법이다. 그리고 그것은 상품이 완성되어 소매점 진열대에 올라갈 때쯤에야 알 수 있는 것이 태반이다.

　유통인구가 팽창함에 따라 손님은 점점 사치스러워지고 변덕스러워졌다. 따라서 유행상품이라든가 단골대상 상품의 예측은 점점 어려워지고 있다.

　한편, 유통업계에는 눈치가 빠르고 잽싸게 움직이는 생업자가 많다. 팔리는 상품을 단시일에 모방하여 만들거나 혹은 긁어모으기를 잘 하는 사람이 수두룩하다. 이것이 바로 계획적인 상품제조와 물적 유통(物的流通)면에서는 대기업에 대항할 수 없는 생업자가 살아남을 수 있는 슬기이기도 하다.

　이렇게 생각하면, 소비자에게는 유통경로가 복잡한 것도 나쁘지 않다고 할 수 있다. 아무튼 유통 인구의 감소는 제4차 산업이 발달하여 2차 산업에서 밀려난 사람들을 수용할 수 있을 때까지는 기대할 수 없다. 그렇다면 향후 10년쯤은 복잡하고 괴상한 유통 경로의 메릿을 감수하는 외에 달리 방도가 없다고 할 것이다.

8. 매스화(化) 신앙의 붕괴

고객 지향이 어려운 시대

　앞으로는 어김없이 저성장시대로 들어선다. 그때에 과거의 신앙이었던 매스화(化) 방식＝대규모화, 기계화, 생력화(省力化)를 보다 강력하게 추진할 것인데, 그때는 틀림없이 대량의 실업자를 만들게 된다.

　지금 우리에게 가장 중요한 일은 실업자를 내지 말 것, 더욱이 보람있는 직장을 사람들에게 마련해 줄 것, 그리고 제2차 산업을 중심으로 하는 기존의 근간적 기업이 수익을 올릴 수 있게 할 것 등이다.

그러기 위해서는 지금까지 통용되고 있었던 신화적(神話的)인 '규모의 이익'을 재검토할 필요가 있다. 대량생산・대량소비 시대에는 물량(物量)을 소화함으로써 이익을 극대화 할 수 있었다. 그리고 대기업은 그렇게 함으로써 모든 중소기업을 쓰러뜨릴 수도 있었다. 쓰러진 쪽도 경제가 급성장하고 있었으므로 새로운 진로를 달리 확보할 수 있었다. 그러나 지금은 사정이 달라졌다. 일단 쓰러지면 여간해서 다시 일어설 수 없게 되어버린 것이다. 그리고 지금은 실업자를 내는 일이 최대의 사회악인 것이다.

이에 따라 지금 새로운 경제체제에 대한 구상이 싹트고 있다. 또 세상사는 재미있게도 소비자가 매스화 신앙에 등을 돌리기 시작했다. 이것은 대량생산 상품이 너무 많이 나돌았고 '물적 낭비의 제도화'가 반사회(反社會的)인 것을 깨닫게 되었기 때문이라고 풀이 된다.

원래 일본에는, 대량화, 대규모화의 대열에는 끼이지 않는 원청과 하청의 이중구조, 기업과 생업의 복합구조가 존재하고 있었으므로 일본은, 서방 선진국 중에서는 보다 스무드하게 새로운 경제체제 구상 속에 들어갈 수 있지 않나 싶다.

나는 1970년경부터 매스화 만능주의에 대해 경고해 왔다. 뿐만 아니라 실제로 관계하고 있는 기업에서 앤티・매스(Anti Mass)적 수법을 강구하여 성공을 거두어 왔다. 그 수법은 의류 메이커에서의 '판매실험 후의 생산 방식', 도매상에서의 '수집기능 최중점 방식', 대형 양판점에서의 '상품부 스태프 방식', 전문점에서의 '초전문가 상법 방식' 등 이름으로 유통업계에서는 잘 알려져 있었다. 이들 방식을 만든 내 발상은 '앤티・매스 이론'이라고 일컬어졌다.

당시부터 '후나이 이론'='앤티·매스 이론'이고 후나이는 앤티·매스교(敎)의 교조(敎祖)라고 선전되었으나, 그 당시의 내 저서에도 적혀 있듯이 나는 앤티·매스 만능론자는 아니었다.

'매스 만능 일변도의 발상은 위험하다. 앤티·매스라도 통용되는 경우가 허다하다. 이 양자를 잘 조화시키자'고 제안했을 뿐이다.

지금도 나는 앤티·매스 만능주의자는 아니다. 매스화의 장점을 되도록이면 채택하는 것이 좋다고 생각하고 있다. 다만 유통업계만 보더라도 사람이 자꾸 밀려들고, 점포가 늘어나면 매스 방식은 그 자체만으로는 존재의의를 잃고 말 것 같은 생각이 드는 것이다. 결론적으로 말해 내 생각에는 지금은 앤티·매스 방식을 위주로 하고, 이에 부수적으로 매스화의 메릿을 살려야만 할 시대인 것 같다.

이 시류 속에서 '매스화야말로 최선이다'고 믿고 경주마처럼 앞만 보고 달려 온 많은 양판점의 중견 사원들이 왠지 자꾸만 마음에 걸린다.

굳이 다시 한번 말하겠다.

(1) 매스화 일변도는 틀림없이 대량의 실업자를 만든다.

(2) 소비자가 매스화 경제체제, 이른바 '낭비의 제도화'에 등을 돌리기 시작했다.

(3) 일본에서는 생산면, 유통면에서 매스 메릿의 추구가 어렵다. 왜냐하면 복합구조, 이중구조 사회가 이미 형성되어 있고, 앞으로 더욱 이것이 발전할 것이기 때문이다.

아뭏든, 매스화를 철저히 하더라도 손님이 원하는 것=좋은 상품을 싸게 공급할 수 없게 되어 가고 있다. 그리고 이 경향은 갈수록 더 심해질 것이다.

소매업이라는 것은 메이커나 도매업과 비교하더라도, 경쟁이 심해질수록 손님 지향인 점포가 업적을 더 올릴 수 있는 업태이다. 반대로 말하면 1년에 20만명이나 종업자가 증가하고, 7만 개의 점포와 450만㎡의 매장 면적이 늘어나는 소매업계는 실질 소비가 제자리 걸음을 하기 때문에 전년과 마찬가지로 장사를 한다면 업적이 내려갈 것은 뻔한 일이다. 그래서 각 점포는 너나 없이 보다 손님지향이 되도록 최대한 노력해야만 한다. 그 결과, 소비자인 손님은 사치를 부리게 되었다. 그리고 앞으로는 더욱 더 사치에 물들 것이다.

9. 소상권 시대의 도래

손님에게 접근하는 시대

1975년 가을의 일이다. 어느 날 밤, 나는 유통업에 밝은 공무원 인 두 친구와 술을 마시고 있었다. 한 사람은 통산성, 또 한 사람 은 공정거래위원회에 봉직하고 있는 우수한 관료라고만 소개해 두겠다.

이 두 친구는 거나하게 취기가 돌자 나에게 이렇게 충고하는 것이었다.

"이보게 후나이군, 자네가 말이야, 소매업계에 대해 상당한 영향력을 가지고 있다는 건 우리도 잘 알고 있어. 자네 책도 거의 다 읽어봤고 신문이나 잡지에 발표한 글도 웬만큼은 다 읽어 봤어. 말하자면 우린 자네 팬인 셈이지.

그런데 말이야, 자네는 그 주장과 실천이 일치하지 않는 점이 있는데 어째서지? 예를 들면 자네는 '소매업은 손님지향이라야 한다'고 주장하고 있는데, 자네가 관계하고 있는 소매업 사장님들은 손님지향과는 전혀 무관한 일만 하고 있거든.

예를 들면 도심(都心) 복판에 점포를 내는 것이 그것이지. 이미 점포가 남아돌아 그것 자체가 과당경쟁이고, 손님에겐 메릿이 거의 없는 도시 중심부에다, 예를 들면 후쿠오카(福岡)의 덴진(天神), 고베(神戸)의 산노미야(三宮), 요코하마(横浜)역의 니시구치(西口), 도쿄의 신주쿠(新宿), 삿포로(札幌)의 중심부 같은 데에 어쩌자고 새로 점포를 내게 하느냐 말이야.

자네 생각대로라면, 시골에 살고 있어 쇼핑하기가 곤란한 사람들을 위해 점포를 만들어야 할 것 아니겠어? 자기 집에서 쇼핑가는 데 보통 교통수단으로 30분 이내인 곳에는 점포다운 점포가 비교적 없는데, 여기에 살고 있는 일본인은 3,000만명이나 된단 말이야.

자네는 소매점을 오버 스페이스라고 하지만, 이 사람들 입장에서는 '낫싱 스페이스'다 그 말이야. 이 점에 대해 자네 한번 생각해 보게나."

이것이 시골 출신인 친구들의 주요한 충고 내용이었는데 나에게는 이 두 친구의 말이 묵직하게 느껴졌다. 동시에 '소상권 시대가 오겠구나' 하는 생각을 얼핏 갖게 되었다.

나는 매년 12월에, 내가 관계하고 있는 소매업의 사장님들과 자리를 같이 하고, 1박 2일의 정책연구회를 열고 있다. 다음해 1년간의 정책 입안을 위한 연구회인데 1975년 12월의 이 연구회에서, 내 생각을 첨가시켜 앞서 말한 두 친구의 충고를 사장님들에게 소개했다. 그 결과, 즉각 시뮬레이션이 아루어졌다. 점포다운 점포가 없다는 시골에 과연 점포를 만들어도 될까? 만든다면 어떤 점포라야 할까? 등이 주된 실험과제였다.

결론으로서 '반경 2km 내에 5,000명 이상이 살고 있는 곳, 이른바 시내의 중심부이고 1㎢당 인구밀도 400명 이상인 곳. 만약에 인구가 5,000명 이상 되는 읍내면 우선 실용품·생활용품 중심의 총합 대형점을 내면 충분히 채산이 맞을 것이다. 왜냐하면 한 사람이 1년에 소매점에서 구입하는 금액은 1976년 약 40만 엔이 될 것이므로 5,000명이면 20억 엔, 이중 실용품·일용품의 수요는 약 150억 엔쯤 될 것이다. 이만한 수요가 있고 달리 경합점이 없는 시골이라면 충분히 1,500㎢ 클래스의 대형점이 성립될 터이다. 이런 조건에 맞는 곳은 아직 얼마든지 있다. 대규모 소매점포법'에 묶여 중도시 이상에서는 새로 점포를 내기가 어렵다. 하지만 이런 시골이라면 아무도 반대하지 않을 것이다. 한번 해보자' 이렇게 의견이 모아졌다.

그 결과, 76년에 주로 고토부키야(壽屋), 니코니코도(堂), 미도리…… 등 서일본의 양판점에 의해 이런 종류의 소상권형 점포가 전개되었는데, 이들 점포는 완전히 예상밖의 높은 업적을 올렸다. 더 확실히 말하면 60년대 후반까지의 슈퍼 성장기와 같이, 개점한 초년도에 매출고의 5~8%까지 세금공제 전 이익을 올렸던 것이다.

지금까지 예상도 못했던 시골에 점포를 내어 이익을 올렸다는 소문이 나자, 이들 점포에는 연일 전국 각지의 양판점 관계자 등의 견학자가 밀어닥쳤다. 그 결과 전국 각지에 여러 가지 점포가 만들어졌다. 그리하여 지금까지의 경영 상식을 깨뜨린 새로운 소매 노하우, 소매상식이 작년부터 금년에 걸쳐 확립되었다. 그것이 곧 한마디로 말하자면 소상권 시대의 도래와 그에 대한 소매 노하우이다.

10. 업적이 나쁜 도심 상가, 대형 교외형 쇼핑센터

업적이 좋은 소상권형 점포

1960년대 후반, 일본의 대형 소매업자는 도심이라든가 터미널과 같은 사람이 많이 모이는 곳에 주로 점포를 만들었다. 68년경부터 교외형의 쇼핑 센터나 대형점도 나타나기 시작했는데 이것들은 매장 면적으로 치면 1만㎢ 클래스의 것으로 지방 도시의 도심상가를 웃도는 것이었다.

아뭏든 큰 상업집단으로 큰 상권을 석권하는 것이 일본 소매업의 특질이었다. 왜 그랬을까? 좁은 상권에 적합한 점포 만들기의 노하우가 없었고 손님이 도심이나 큰 상업집단 지역에 집중하고 있었기 때문이다.

나도 1970년에 전국 54개 도시의 대형점 분포 상황을 조사한 결과 중심 상업 집단의 크기에 비례하여, 점포 개설 장소가 중심지로부터 멀리 떨어져 있으면 대형점이라도 채산이 맞지 않는다는 것을 발견했다. 이것을 규격화 한 것이 내가 만든 '중심상업집단의 제압 에어리어의 공식'이다. (졸저《소매업 혁명》참조).

그런데 75년경부터 이 현상에 변화가 일기 시작했다. 일례를 들겠다. 오다큐(小田急) 전철, 신하라마치다(新原町田) 역에서 북쪽으로 약 1㎞ 떨어진 곳에 75년말 추지쓰야(忠實屋)와 상와가 개점했다. 다 같이 매장 면적은 1,400㎢ 가량 되었다.

이 오다큐 역전에는 일본에서도 굴지의 대상업집단이 있다. 백화점으로는 다이마루(大丸)·오다큐(小田急)·요시카와(吉

川) 백화점 등이 있고, 그밖에 주지야(十字屋), 미도리야(綠屋)·다이에·니시토모(西友)·나가사키야(長崎屋) 등 대형점이 여기저기 늘어서 있다. 60년대 후반의 상식으로는, 중심 상업집단에서 불과 1km의 거리밖에 안되는 곳에 신규 개업한 추지쓰야(忠實屋)와 상와는 점포의 크기로 볼때, 채산이 맞을 리가 없었다.

그런데 개점 이래, 이 두 점포는 초고속으로 채산을 잘 맞추고 있다. 나도 여러 번 이 양 점포를 방문했는데 언제 가도 손님이 차 있고 잘 팔리고 있다. 이 양 점포와 같은 예가 지금은 수두룩하다.

이처럼 소매업의 입지 전개 작전은 바뀐 것이다. 도심 상업집단에서 불과 500m 밖에 떨어지지 않더라도 식품 중심인 실용품의 총합점을 만들면 주변 손님들은 도심에의 쇼핑을 그만두고 가까운 가게를 애용하게 된 것이다. 또 도시 상업집단에서 1km밖에 떨어지지 않더라도, 의류나 식품 중심의 총합점, 소위 기호품과 일용품이 갖춰진 총합점을 내면 주변의 손님은 그 가게에 집중하는 시대가 온 것이다.

요컨대, 모을 수 있는 주변의 고객 수와 이에 부합되는 점포전략이 문제인데, 여기에는 그러한 소상권 점포의 상권 설정과 거기에 부합하는 상품 구비의 노하우, 그리고 매장 면적 등의 기본 원칙이 확립되면 해결된다. 분명히 말해, 이들 기본 원칙은 현재 완전히 확립되어 있다.

시골의 소상권이라도, 또 도시의 중심부에서 거리적으로 그다지 멀지 않는 주변 지구의 소상권이라도 손님이 원하는 점포만 만들면 손님이 찾아오고, 그같은 소상권형 점포가 도심 점포보다도 이익을 많이 내는 시대가 온 것이다.

현재 이들 소상권형 점포는 주로 중견급 양판점에 의해 전개되

〈그림 5〉 규격성 실용품, 내구성 기호품의
지금까지의 상권과 앞으로의 상권

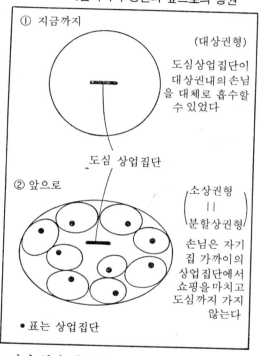

① 지금까지

(대상권형)

도심상업집단이
대상권내의 손님
을 대체로 흡수할
수 있었다

도심 상업집단

② 앞으로

소상권형
∥
분할상권형

손님은 자기
집 가까이의
상업집단에서
쇼핑을 마치고
도심까지 가지
않는다

● 표는 상업집단

고 있다. 그러나 얼마 안 가서, 대형 양판점이 이에 참가할 것이
분명하며, 그렇게 되면 그들 점포의 주변에는 생업점을 중심으로
소형 점포가 속출하여 하나의 상업집단을 형성할 것이다.

이들 소상권내 인구는 현재의 추세로 미루어, 장차 최소한
3,000명, 많아도 2만명쯤 될 것으로 상정되는데, 이것은 일종의
상권 분할시대의 도래라고도 할 수 있다.

장차, 실용품이나 기호품의 대부분은 이들 분할된 소상권의
중심 상업집단에서 구입되리라고 나는 짐작한다. 그것은 대체로
자택에서 2km 이내, 자전거로 10분쯤의 범위일 것이다.

　이런 상황이 되면, 당연히 지금까지 도심 상업집단까지 쇼핑 나왔던 소님이 안 오게 된다(그림 5 참조).

　현재 도심 상업집단의 손님 수가 일반적으로 감소하고 있는 것은 이런 현상의 결과 때문이다. 매장면적 1만㎢ 이상인 교외형 대형의 쇼핑 센터가 고전하고 있는 것도, 개점 당시 40~50만명으로 상정했던 상권인구가 그 후 상권 분할되고, 실용품이나 기호품의 구매인구가 3만명을 밑돌게 되어버렸기 때문이다.

더욱 사치를 즐기는 소비자들

　앞으로도 계속 소매업 종사자 수는 불어난다. 점포도 증가한다. 당연히 손님의 환심을 사려고 각 소매업자들은 필사적인 노력을 기울이게 된다.

　그 하나가, 소상권 시대의 도래에서 볼 수 있는 것과 같은 손님에게 접근하는 방법일 것이다. 이 소상권 시대의 도래는 양판점의 신규 점포 개설 의욕을 자극했다. 그러나 소상권형 점포의 개설이 서툴기 짝이 없는 백화점은 손님에게 접근하기 위해 매장외 판매(외판)의 강화에 나섰다. 또 손님의 조직화, 고정화에 전력투구를 하기 시작했다.

　이런 식으로 손님에게 접근하는 것이 업적의 유지나 향상을 위한 피치 못할 시류적응 전략인 것이다.

　한편, 이전부터 손님 가까이에 있었던 생협(소비자 생활협동조합)이나 농협(농업협동조합)은 시류가 도와주게 된 것을 이제야 깨달았다. 그와 동시에 소상권형 점포 만들기의 노하우와, 매장외 판매(외판)나 고정객의 확보 능력이 얼마나 부족했던가를 자각하기 시작했다. 양판점의 소상권형 점포 만들기와 백화점의 외판이 생협이나 농협을 깨우쳐 주고 있다. 그들도 급속히 노력하게 될 것이다.

이리하여 앞으로 손님인 소비자는 점점 더 사치를 누리려고 할 것이다. 이미 여가 시간이 증가했는데도 불구하고 쇼핑의 앤티 레저화(化) 경향은 이 수년 사이에 두드러지게 나타나고 있다. 쇼핑 과정에서 손님이 사치를 누리려 하게 됐다는 것 이외에도 이유는 여러가지 있겠지만, 유통업계 전문가들은 여기에 관심을 가져야 될 것이다.

11. 상품력보다는 인간력이 중요

팔려는 의욕과 사려는 의욕

유통인구가 증가되고 점포가 증가한다. 경쟁이 심해지면 당연히 다음과 같은 현상이 나타난다.

(1) 상품에서의 차별화가 어려워진다. 만약에 차별화 하려면 상품 구비면에서 차별화 할 수 밖에 없다.

일본에서는, 경쟁하는 상대편의 점두(店頭)에 있는 것과 같은 상품을 얼마나 빨리 자기 가게에 진열할 수 있느냐가 최대의 판매 능력과 직결되므로, 차별화는 매장 면적이 큰 쪽이 이기게 된다. 경쟁점의 점두에 있는 상품이 모조리 있고, 이에 더하여 경쟁점에 없는 상품까지도 여러 가지 갖추고 있으면, 손님은 상품의 가지수가 풍부한 가게에 집중하게 되며, 이 경향은 공급 과잉이 될수록 강해지는 법이다.

이와 같은 상품 정책을 '포위전략'이라고 하는데, 오이타(大分)에서 다이에·니시토모·나가사키야·니치이·자스코·유니도 등의 유력 양판점이 일개 지방 백화점인 도키하에 항복하게 된 것도 매장 면적이 가장 넓은 도키하의 포위전략에 맞설 수 없었기 때문이다. 도키하로서는 이들 내셔널 체인의 상품을 포위하는 것이 그렇게 어려운 일은 아니었다. 가와고시(川越)의 마루히로(丸廣)도 같은 전략으로 니치이·니시토모·나가사키야·이토요카도에 타격을 주고 있다. 어쨌던 상품의 차별화가 어렵다는 것을 이용한 것이 바로 이 도키하, 마루히로(丸廣)의 양판점에 대한 전략이었다.

(2) 상품면에서의 차별화가 어렵다면 매장 면적이 작은 점포일수록 인간적인 서비스면에서 차별화에 노력해야만 한다. 이 당연한 이유 때문에 손님과의 인간적인 밀착이 강화되어야 한다.

나는 이 인간적인 서비스의 강화에 수반되는 손님과의 밀착력을 '인간력'이라고 부르고 있다. 앞으로는 당연한 결과로 인간력 시대가 올 것이다.

"경쟁이 심한 곳에서는 장사의 포인트가 상품력보다도 인간력이더군요. 이건 경쟁이 심한 덴진(天神) 지하상가(후쿠오카;福岡)에 점포를 내고서야 처음 안 일인데, 나가사키의 본점보다도 좋은 상품을 적절히 갖추고 있어도 덴진에서는 팔리지 않는 겁니다. 주변에 있는 점포들도 좋은 상품을 고루 갖추고 있거든요. 그러니 나머지 방법은 판매원의 팔겠다는 의욕과 손님의 고정화 밖에 더 있겠습니까?"

이것은 나가사키(長崎)에 본점을 가지고 있는 유명한 부인양품과 옷감 전문점인 다나카야의 덴진(天神) 지하상가점의 다나카(田中) 점포장의 말이다.

이 다나카씨는 다나카야 사장의 차남으로 교토(京都) 대학 경제학부를 졸업한 후 마루베니(丸紅)를 거쳐 우리 마케팅 센터에서 소매업의 이론과 실무를 익히고 다나카야로 돌아간 사람인데, 집안도 좋고 성품도 원만하고 머리도 좋은 그야말로 나무랄데 없는 젊은이다. 우리 마케팅센터에 있을 때는 경영 컨설턴트로서도 좋은 업적을 남겨 주었다. 이런 다나카 점포장이기에 그의 말에 나는 각별히 유의하지 않을 수 없는 것이다.

소고 백화점 중에서 수익점인 고베(神戶)점의 점포장 야마다 쿄이치(山田恭一) 상무와 나는 각별히 친한 사이이다. 야마다 (山田) 상무는 나와 마찬가지로 교토대학 농학부 출신이다. 대학 졸업 후 나는 심리학을 배우고 인사면, 능률면에 대한 경험을 익힌 후, 경영 컨설턴트의 업계로 들어섰는데, 그도 소고 회사의 인사관리, 노무관리를 중점적으로 관장하다가 마케팅을 거쳐 전반적인 영업에까지 활동 범위를 넓혀 온 사람이다. 나이도 비슷하고 집도 가깝다. 걸어 온 과정도 닮은 데가 많다. 그래서라 기보다 웬지 나는 그를 좋아한다. 존경심도 갖고 있다. 덕분에 우리 가족은 소고 고베점의 팬이 되어버려서, 한큐다카라즈카선 을 이용하면 집에서 25분 거리에 일본 최고의 매출을 자랑하는 백화점인 한큐(阪急)의 우메다(梅田) 본점이 있는 데도, 그 두 배나 시간이 걸리는 고베점까지 쇼핑을 가게 된다.

그건 그렇고, 이 야마다 점포장이 최근에 역시 나한테 이런 말을 했다.

"12월과 같이 상업상의 경쟁이 심할 때는 역시 판매원의 팔겠 다는 의욕과 손님의 사고 싶은 마음이 포인트지요. 어떤 방법으 로 판매원한테 팔겠다는 의욕을 갖게 하고, 그리고 어떻게 하여 손님한테 사고 싶은 마음을 갖게 하느냐, 이것이 바로 인간력일 것입니다. 상품력도 물론 중요하지만, 상품력만 가지고는 고베의 산노미야(三宮) 같은 초경합지에서는 좋은 업적을 기대할 수 없어요." 라고.

덴진(天神) 지하상가, 산노미야(三宮)라는 일본 내에서도 으뜸가는 두 초경합지의 대표적인 두 점포장의 말을 소개했다. 또 우리 가족이 가깝고 편리한 한큐 본점보다도 소고 고베점을 애용하고 있다는 점도 예시했다.

여기에서 나는 앞으로 점점 경쟁이 심해질 일본의 유통업계 미래상을 보는 것 같다. 포인트는 인간력인 것 같다. 인간력, 알기 쉽게 말하면 그것은, ① 판매원이 팔겠다는 의욕을 갖는 것과 ② 손님이 살 마음을 갖게 하는 것이다.

12. 본부보다는 점포장 권한의 강화를

책임과 의무의 강화

이번에는 좀 다른 점에서 생각해 보자. 지금 점포를 여러 개 가지고 있는 소매 기업의 대부분은 그것이 백화점일지라도 일본식 체인 스토어 방식을 채용하고, 상품의 본부 구매제도를 다소라도 활용하고 있다.

그러나 경쟁이 심한 지대에서는 점포장의 권한을 강화하고 점포 단위의 구매 비중을 높여야 한다는 것이 상식화 되고 있다. 이것은 백화점·양판점·전문점을 불문하고 최근의 한 경향인 것이다.

양판점의 예를 들면, 유니의 하시모토(橋本)점, 고난(江南) 점 등은 점포 구매를 강화하여 경쟁에 성공했고, 유니드의 히로시마(廣島)점, 이토요카도의 쓰다누마(津田沼)점 등도 점포장 권한의 대폭적인 강화가 화제로 되고 있다.

일본에서 가장 경쟁에 강하다고 판단되는 고토부키야(壽屋) 의 비밀은 점포장 권한의 강력함에 있는 것이다. 일시적으로 니치이가 점포장 권한을 축소하고 본부권한을 강화했을 때, 얼마 후 각 점포의 경쟁력=상품력과 인간력이 졸지에 약해져 버린 일이 있었다. 그리고 지금 니치이와 자스코가 비슷한 조건 아래 경쟁하고 있는 곳에서는 대체로 니치이 쪽이 강하다고 판단된다. 그것은 자스코의 본부 권한이 니치이의 그것보다도 강한 때문일 것이다.

물론 인재가 적은 유통업계 특히 급속히 성장한 대형 양판점 등에서 본부 집중화는 현재 상황으로선 피할 수 없는 숙명일 것이다. 그러나 멀잖아 우수한 인재가 많이 배출되고 또 참여하게 되리라고 짐작되는 것이다.

경쟁 격화에 대비한 제일선 영업점에서의 인간력 강화라는 의미에서도 본부에의 권한 집중은 장차에도 최선의 방책이 될 수 없다는 것을 인식하기 바란다.

점포장 권한을 강화하고 점포 단위의 구매를 강화하면 어째서 경쟁력이 강해지는 것일까? 상품면에서 매스 메릿을 거의 추구할 수 없는 소비재 유통업계의 현재 상황으로 볼때, 점포의 구매 방법, 즉 소매점 측의 구매 태도가 본부의 구매보다 좋아지므로 도매상의 협력을 얻기가 수월하다.

또 지역적인 적합성 등에서도 상품 선정이 세밀해져 판매가 확실한 상품을 많이 갖출 수 있다. 총체적으로 볼때, 점포 구매로 매스 메리트의 추구는 어렵지만, 그 디메릿(결점)보다도 다른 점에서 잇점이 있으며, 또 상품면에서도 메릿이 크다. 왜냐하면 상품력을 '양·수·폭'으로 파악할 경우 현저하게 강화되는 것을 확실히 알 수 있기 때문이다.

상품력을 양·수·폭으로 파악하는 것은 나의 발의(發議)인데, 양이란 점두(가게 앞)의 재고량, 수는 점두의 아이템 수, 폭은 점두 상품의 가격 폭이다.

이것으로 상품력을 파악하면 질이라든가 판매 확실품, 혹은 판매 가능품의 수량 등 까다로운 것에 대해서도 대개 짐작이 간다. 제일선에 대한 경영 컨설턴팅의 자료로는 이 '양·수·폭'으로 충분하다.

이야기가 좀 옆으로 흘렀는데, 아무렇든 점포장 권한과 점포 단위 구매의 강화는 인간력 강화, 특히 판매원의 의욕 강화에 매우 효과적이다. 권한 강화=책임 의무의 강화로 점포장의 판매원에 대한 태도가 일변한다. 점포 전체가 점포장을 중심으로 동지적으로 결합하게 된다. 또 판매원의 구매 참가 기회가 늘어나 점포에서 파는 상품에 대해 판매원이 애착을 갖게 된다. 그리하여 이러한 자세가 손님의 고정화, 손님에게 사고 싶은 마음을 일게 하는 점포 분위기로 발전되는 것이다.

어쨌든, 앞으로 일본의 소매업계는 상품력보다도 인간력 중심의 시대가 어김없이 올 것이다. 그것은 일반 환경, 지역 환경 그리고 소매점 내의 노무나 인사정책에서도 필수적인 과정이다. 동시에 도매업계에도 같은 현상이 진행될 것이다.

결론은 손님으로 하여금 사고 싶은 마음이 생기는 점포와 시스템을 어떻게 만들 수 있느냐는 데 낙착될 것이다.

제 **2** 부
소매업계의 두가지
문제점

　제1부에서는 일본에서의 이른바 '유통혁명'이 무슨 이유로 좌절했는가를 주로 거시적인 면에서 설명했다. 또, 계속 증가하는 유통인구가 어떤 의미를 지니며, 앞으로 유통업계를 중심으로 어떤 현상이 나타날 것인가를 예측하고 이에 대한 중요한 포인트를 해설했다.

　제2부에서는, 유통업계 가운데 화제의 중심이 되고 있는 소매업계에 초점을 맞추어, 특히 지금의 가장 큰 문제점인 대형점과 소형점의 관계, 그리고 대상권에서의 장사 방법과 소상권과의 관계를 자세히 기술하려고 한다.

　소매업계에서는 제휴나 합병 등 재편성의 문제라든가, 소매의 3법(대규모 소매 점포의 장사 방법, 조정에 의한 방법, 분야별의 조절 방법)을 둘러싼 문제 등 여러 가지 문제가 산적해 있다. 그러나 그중에서 가장 근원적인 것은 역시 이 제2부에서 다룰 2가지 문제, '대형점과 소형점' 및 '대상권과 소상권'일 것이다.

　이것들도 유통혁명이 만약에 이론대로 진행되었더라면 문제가 되지 않았을 것이다. 그러므로 이 책의 제2부에서 검토하는 것이다.

제 1 장 대형점과 소형점

1. 점포는 집객(集客)요소가 가장 중요하다

뛰어난 식품 매장의 집객력(集客力)

백화점과 양판점을 제1, 제2의 소매업이라고 한다면, 파르코 형태의 전문점 빌딩은 제3의 소매업이라 할 수 있다.

도쿄 이케부쿠로(池袋)의 마루부쓰(丸物) 백화점이, 니시다께 (西武) 유통그룹에 의해 파르코로 재생(再生)되자, 급속도로 업적이 상승된 후 부터 전문점 빌딩은 각광을 받기 시작했다.

그후 파르코 자체도 시부야(澁谷)·삿뽀로(札幌)·신사이바 시(心齊橋)·지바(千葉)·기후(岐阜)·오이타(大分)·쓰다누마 (津田沼) 등지에 계속 점포를 내었고, 또 스즈노야(鈴屋)를 중심 으로 아오야마(青山)·가루이자와(輕井澤)·가고시마(鹿兒島) 의 벨코먼즈, 교토·오사카 신사이바시(心齊橋)의 바루, 지바 (千葉)의 센트럴 프라자, 하라주쿠(原宿)의 파레프랑스, 센다 이(仙臺)의 에스파르 등, 중견급 이상인 도시의 중심부에는 전 문점 빌딩이나 패션 빌딩이 화려하게 성업중이다. 최근에는 이 들 패션 빌딩이 인구 5만의 도시에까지 모습을 나타내기 시작 했다.

그런데 이들 패션 빌딩이나 전문점 빌딩의 업적은 점포에 따라 큰 차가 벌어진다. 또 최근에 생긴 것일수록 업적이 신통찮은 것이 증가하고 있다. 왜 그럴까?

이에 대한 해답 이전에 최근의 도심 대형점을 좀 살펴보자.

소상권 시대의 도래로 말미암아 도심에 있는 대형점은 현재 너나없이 고전중이다. 내가 관계하고 있는 도심 대형점에서 고객 수를 조사한 결과 일부의 예외를 제외하고는 1973년 보다 손님 수가 줄었다. 그 중에서 식품을 취급하는 점포는 줄긴 했지만 그 폭이 크지 않다. 또 식품을 압도적으로 대량 판매하고 있는 점포, 다시 말해 상권 내의 1등점은 손님 수가 증가하고 있다. 그리고 점포 전체의 업적은 이 고객 수의 증감과 비례하고 있는 것이다.

나는 경영 컨설턴트라는 입장상, 관계하고 있는 기업에 관한 조사 자료나 숫자 등을 그대로 공표할 수 없다. 그러나 그런 자료 와 숫자를 염두에 둔 기록으로 알고 다음 사항을 읽어주기 바란 다.

(1) 지금 한창 인기있는 크레딧 데파트 마루이(丸井)의 나카노(中野)점에는 그 지하에 식품 슈퍼인 피콕이 들어서 있 다. 만약에 이 피콕이 떠난다면 마루이 나카노점의 매출은 분명 히 10~20%는 감소될 것이다. 이것을 바꾸어 말하면, 마루이의 대부분 점포에는 식품 매장이 없으므로, 만일 마루이 각 점포의 1층이나 지하에 식품 매장(단, 경합중인 각 점포에 비해 집객력 이 있는 매장)을 낸다면, 마루이의 각 점포 매출액은 10~20% 신장하리라는 말이 된다. 식품 매장의 집객력은 크레디트 데파트 에도 플러스 요인이 됨이 분명한 것이다.

(2) 니치이의 요코하마(横浜)점이 곧 개점하게 되는데 식품매 장은 없다고 한다. 아마 고전을 면치 못할 것이고 손님을 모으기 위해 보통 경우보다 몇 배 노력해야 할 것이다. 또 현재 고전중인 후쿠오카(福岡)의 니치이 덴진(天神)점에는 역시 식품매장이

없다. 이 점포의 1층 절반과 지하 1, 2층의 전부를(3,000㎡ 남짓) 식품매장으로 하면 단시일에 활성화가 가능할 것이다. 식품을 취급하지 않는 도심점을 많이 거느리는 니치이나 나가사키야가 집객력을 발휘할 수 있을 만한 식품 매장을 각 매장에 도입한다면 그 장래성은 매우 밝으리라 판단된다.

(3) 오이타(大分) 소재의 파르코의 지하에는 식품 슈퍼가 있다. 쓰다누마(津田沼)에도 있다. 이번에 지바에도 생겼다. 이것은 현명한 전략이다.

(4) 다카사키(高崎)에서 입지적으로도 가장 불리하다고 생각되는 스즈란이 제일 잘 팔리는 것은 스즈란의 식품 매장이 후지이 이세당이나 다카시마야(高島屋), 혹은 다이에나 니치이보다 강하다는 것이 큰 요인이다.

(5) 도쿄 아카바네(赤羽)에서는 니시토모(西友) 스토어가 다이에보다 매상고가 높다. 이유는 니시토모 스토어의 식품 매장이 2층에 있고 다이에 보다 넓고 집객력이 강하기 때문이다.

(6) 야마토다카다(大和高田)에서는 니치이가 제일 잘 판다. 상식적으로 보면, 입지나 규모로 따져 다이에 쪽이 더 매출이 올라갈 것 같은데, 니치이 쪽이 압도적으로 손님을 많이 모으고 있다. 이유는, 다이에의 식품 매장은 셀프 서비스의 1,500㎡ 가량이지만, 니치이의 식품 매장은 셀프의 1,000㎡와 대면(對面)형식의 시장 약 1,000㎡, 합계 2,000㎡여서, 다이에보다 집객력이 있기 때문이다.

(7) 기후(岐阜)의 중심 상업집단은 야나게세였다. 여기에는 다카시마야(高島屋)·긴테쓰 (近鐵) 백화점·나가사키야(長崎屋)·다마고시·유니 등의 대형점이 있다. 그런데 최근 메이테쓰(名鐵 ; 나고야 철도) 신기후(新岐阜)역 주변에 새로운 상업집단이 생겼다. 여기에 있는 대형점은 신기후백화점·파르코·다이

에 · 자스코이다.

이 두 상업집단의 거리는 약 700m로서 지금 주도권 싸움이 한창인데, 최근의 정세는 역 주변 쪽이 강한 것 같다. 그 가장 큰 이유는 역 주변의 다이에에 필적할 만한 식품 매장이 야나게 세에는 없기 때문이라고 나는 생각한다.

이쯤에서 그만 두기로 하자. 이런 예를 들어 내 의견을 적어 나간다면, 그것만으로 한 권의 책이 된다. 어쨌든 손님이 와주면 상품은 팔린다. 손님을 모으기 위해서는 강력한 집객요소가 필요하다. 예컨대 식품과 같이.

2. 전문점 빌딩, 패션 빌딩의 부진 만회책

집객력 있는 핵심 점포를

최근의 전문점 빌딩, 패션 빌딩이 대체로 성적이 좋지 못한 것은 집객력이 없기 때문이다.

나는 패션에 관해서는 꽤 밝은 편이다. 패션에 관한 저서도 있다. 패션에는 남달리 흥미가 있는, 말하자면 패션 팬인데 유감스럽게도 패션 전문점에는 집객력이 없다. 패션 전문점뿐만 아니라 소형점은 그것이 아무리 집단을 이루고 있더라도 집객력이 약하다.

이와는 반대로 백화점이나 양판점 등의 대형점은 집객력이 있다. 구매 빈도가 높은 충동 구매적 소구(訴求)가 강한 식품을 다루느냐 않느냐에 따라 집객력에는 큰 차이가 있지만, 식품 취급의 여부에 상관없이 집객력이 있다.

　분명히 말해 전문점 빌딩, 패션 빌딩의 부진 상태를 만회하는 방법은 집객력 있는 핵점포(核店舖)를 도입하는 것이다. 그보다도, 이들 빌딩은 집객력이 있는 곳, 역 부근이라든가 역에 있는 빌딩, 혹은 강력한 대형점이 근방, 혹은 신주꾸·시부야·이케부쿠로·신사이바시·우메다(梅田) 등과 같은 대상업 집단의 중심부에 입지를 구해야 할 것이다.

　화제를 일반 소형점으로 돌리자. 일반 소형점도 패션점이나 전문점과 마찬가지로 그것만으로는 집객력이 약하다. 보통 상점가가 주변에 생긴 대형점으로 말미암아 상업집단을 이동 당하게 되는 예가 많은 것은 이 때문이다.

　내가 만든 상점가 이동의 공식＝한 상점가를 이동시키고 싶으면, 그 상점가의 끝에서 수백 미터 이내에 상점가 전면적의 3분의 1 이상이고, 또한 상점가 내에서 제일 매장이 넓은 점포보다 2배 이상의 대형점을 만들어 식품 등 집객요소의 강화를 도모하면 된다＝은 이를 충분히 증명하고 있다.

　소형점은, 상점가 내에 대형점을 유치하여 집객력을 강화하든가, 대형점이 있는 빌딩에 들어가든가, 대형점 주변에 가게를 내어 대형점의 집객력을 이용하든가 해야 한다.

　어쨌든 집객력이 없는 점포, 집객요소가 없는 점포(대형점 근처, 역 근처라면 집객요소가 있는 점포가 된다)는 앞으로 경영이 매우 어려워질 것이다. 소형점은 일방적으로 대형점을 기피할 것이 아니라, 대형점의 장점을 소중히 해야 한다(지금 집객요소로서 음식점이 재평가 되고 있다. 하지만 아직 음식점을 완전히 집객 요소화 하는 노하우는 발견되지 않았다).

3. 경합, 복합하는 소형점은 강하다

대형점과의 공존 공영은 가능하다

1960년대 후반에 들어 일본에도 쇼핑 센터가 생기기 시작했다. 일본식 쇼핑 센터는 백화점이나 양판점이 디벨로퍼(토지개발업자)가 되고, 스스로는 그 핵심적인 점포가 된 경우가 많다. 그 경우 일반 테넌트(임대차용자)는 전문점이거나 지역점이다.

73년경 까지 이들 일본식 쇼핑 센터에서는 핵점포의 업적이 단위 면적당 매출·이익 모두 테넌트인 소형점보다 훨씬 많았다. 그런데 74년경부터 이 비율이 바뀌기 시작했다. 그리고 76년에는 완전히 역전되어, 내가 관계해 온 쇼핑 센터에서는 일반 테넌트가 핵점포보다 단위면적당 매출을 더 올리게 되었다. 내가 가지고 있는 자료를 패턴화 하여 표로 만든 것이 표10이다.

이에 대해서 내 친구인 어느 백화점의 점포장은 재미있는 사실을 말해 주었다.

"후나이 선생, 아시다시피 우리 점포는 쇼핑 센터 형식을 취하고 있지요. 백화점의 직영매장과 전문점 존(Zone : 지역)이 있는데, 이 전문점 존에는 전문점 테넌트가 수십 점포가 들어 있어요. 그 뿐만 아니라 백화점의 통례대로 직영매장 가운데도 인숍 형식으로 전문점이나 메이커 테넌트가 역시 수십 점포 등이 있지요. 그런데 재미있는 것은, 같은 업종에 대해 동일 층마다 효율을 측정해 보면, 직영매장 1에 대해 테넌트 존의 전문점 테넌트는 1.5, 인숍 테넌트는 3이라는 숫자가 나오는 겁니다.

〈표 10〉 핵점포(대형점)와 일반 테넌트(소형점)의 매출비
(동일 매장면적, 동일업종, 동등 입지)

	핵 점 포	일반 테넌트 점포
1970~73년	100	65
74~75년	100	100
76~77년	100	160

주 : 이 표의 숫자는 니혼 마케팅센터에서 패턴화 한 것이다.

그런데 후나이 선생, 이건 우리 점포처럼 직영매장과 테넌트 존이 에스컬레이터를 사이에 끼고 양쪽으로 갈라져 있을 뿐인 한 빌딩 내에서의 경우이고, 만약에 테넌트 존만 딴 빌딩에 있다면 어떻게 될까요. 내 생각에는 아마도 테넌트 존에 있는 전문점 테넌트의 효율은 아마 0.5쯤 될 것으로 보는데, 아무튼 재미있는 일 아닙니까"라고(그림 6 참조).

나는 이것이 현재의 대형점과 소형점의 관계를 잘 나타내고 있다고 생각한다. 현재로서는 설령 소형점이 아무리 일류 전문점일지라도 그것만으로 아무리 집단이 되어도 좀체 집객요소가 되지 않는다.

그러나 대형점이 손님을 모아 준 것을 이용하는 입장에 서게 되면, 대형점보다 훨씬 효율이 좋아진다. 특히 대형점과 이웃하여 경합상태, 복합상태가 되면 그 강점은 비약적으로 증대한다.

이유는 여러 가지가 있다. 쇼핑 센터나 백화점의 인숍적 테넌트는 소형점 중에서도 장사에 관해 공부를 많이 한 사람이 경영하는 점포가 많다. 대형점과 소형점의 경영 기초는 정치적으로 대형점을 구박하는 것을 비롯하여 노무면·세무면·재무면 등에서 완전히 달라져 가고 있다. 이웃하여 한 매장을 이루고는 있지만 체질이 전혀 다른 두 점포가 있는 터이다. 이런 경우, 공부를 많이 하고 있는 소형점이 유리할 것은 분명한 이치이다. 왜냐하

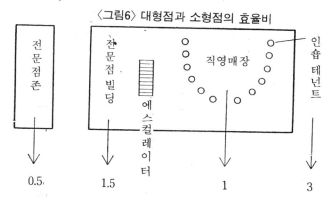

〈그림6〉 대형점과 소형점의 효율비

전문점존 0.5

전문점 빌딩 1.5

에스컬레이터

직영매장 1

인숍 테넌트 3

이 그림은 니혼 마케팅센터에서 모델화 한 것이다

면 공부하지 않는 소매점에 대해서까지도 정치적으로 죽게 할 수는 없다. 살려야 한다고 보호하고 있는 것이 현재의 소매업계 이기 때문이다.

따라서 대형점으로서는 스스로의 집객력을 이용하여, 소형점 테넌트로부터 받는 부동산 수입으로 이익을 확보하는 길이 있다. 현재의 대형 양판점 결산서를 자세히 검토해 보면 그 부동산 적 수입의 높은 비중에 독자들은 놀라지 않을 수 없을 것이다. 또 소형점은 대형점의 집객력을 이용하여 대형점과 복합화, 경합 화 함으로써, 다소 높다고 생각되는 임대료를 내더라도 충분히 살아갈 길이 있는 것이다.

대형점과 소형점의 공존 공영의 시대가 도래한 것은 거의 확실 한 것 같다.

4. 핵점포가 있는 경합, 복합형 상업 집단시대

앵커 스토어(핵점포)와 경합점

1965년 10월의 일이었다고 생각된다. 나는 뉴욕에 있는 국제 쇼핑센터협회(ICSC ; International Council of Shopping Center) 의 사무국을 방문했다. 그때 나를 환영해 준 것은 당시 동협회의 사무국원이었던 로버트 모스(Robbert Moss)씨였다. 그는 지금 ICSC의 상무이사로 활약하고 있고 우리 회사=일본 마케팅센터 도 지금은 ICSC의 특별회원인데, 나는 첫 대면때 그로부터 뜻밖 의 힌트를 얻었다.

"미국에 쇼핑 센터가 처음으로 나타난 것은 1947년의 일입니 다. 그로부터 20년도 채 안되어 미국의 쇼핑 센터의 수는 1만을 넘었습니다."

라고 로버트 모스씨는 쇼핑 센터의 역사를 설명해 준 다음, 쇼핑 센터의 조건에 대해 말했다. ICSC에서는 쇼핑 센터의 조건을 다음과 같이 규정하고 있다는 것이었다.

(1) 한 기업체가 소유하고 있을 것.

① 계획적일 것.

② 테넌트는 디벨로퍼가 선정할 것.

③ 디벨로퍼는 상품을 갖지 않는 소매업자일 것.

④ 앵커 스토어(핵점포)가 있을 것.

⑤ 선전은 디벨로퍼가 책임지고 할 것.

⑥ 상품정책, 가격 존까지 디벨로퍼 측에서 통제할 것.

(2) 비교 구매가 가능할 것.

① 동일 상품을 취급하는 점포가 2개점 이상 있을 것.

② 비교 구매할 수 있도록 점포가 레이아웃되어 있을 것.

(3) 주차장 설비가 있을 것.

(4) 새로운 커뮤니티를 형성할 것.

① 가족 동반으로 쇼핑을 즐길 수 있는 분위기를 조성할 것.

② 서비스 센터, 레저 센터적인 분위기가 부가되어 있을 것.

이 가운데 나의 마음에 걸리는 것이 두가지 있었다. 하나는 '앵커 스토어, 이른바 닻이 되는 가게, 즉 핵점포가 있을 것'이라는 조건이고, 또 하나는 '동일상품을 취급하는 점포가 2개점 이상 있고, 비교 구매할 수 있도록 레이아웃 되어 있을 것'이라는 조건이었다.

이 두가지 점에 대해 모스씨에게 물어보았더니, 그는 별것을 다 묻는다는 얼굴로 "안 그러면 손님이 와 주겠어요?"라고 되물었다.

나는 그때부터 그의 말이 뇌리에서 떨어지지 않았다. 그래서 이 두가지 점을 눈으로 확인할 겸 해마다 세계 각국의 상가나 쇼핑 센터, 백화점 등을 돌아보았는데 그때마다 그의 말이 옳았다는 것을 새삼 느끼는 것이었다.

경쟁이 심해지면 손님인 소비자는 사치스러워진다. 일본에서도 이제 핵점포가 없는 가게에는 손님이 잘 와주지 않고 비교 구매를 할 수 없는 데서는 물건을 사주지 않게 되었다.

비교 구매의 우등생=백화점

비교 구매를 가장 효율적으로 활용하고 있는 것이 일본의 백화점이다. 일본의 백화점에는 전통적으로 특선품 매장과 보통품

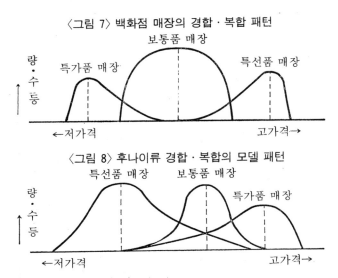

〈그림 7〉백화점 매장의 경합·복합 패턴

보통품 매장

특가품 매장　특선품 매장

량·수·등

←저가격　　　고가격→

〈그림 8〉후나이류 경합·복합의 모델 패턴

특선품 매장　보통품 매장

특가품 매장

량·수·등

←저가격　　　고가격→

매장, 그리고 특가품 매장이 있다. 이 3종류의 매장에 있는 상품은 대체로 어느 정도 경합화, 복합화 되고, 또 각 그레이드별 매장마다 백화점의 구매 제도상으로 어쩔 수 없이 경합화, 복합화 하게 되어 있다(그림 7 참조).

사업상 많은 백화점이나 쇼핑 센터에 관계해 왔으므로, 나는 이미 수년전에 이상적이라고도 할만한 복합화, 경합화의 패턴을 찾아낼 수 있었다. 그림 8에 내가 찾아낸 패턴을 제시했으므로, 그림 7에서와 같은 현재 일반 백화점에서 나타나고 있는 상태와 비교해 보기 바란다.

어쨌든 일본의 백화점에는 오랜 경험에서 비교 구매를 위한 한가지 방식이 제2차 세계대전이 일어나기 훨씬 전부터 완성되어 있었던 것이다.

일본 서반부의 간세이(關西)에는 이름난 시장이 많다. 그 시장 중에서도 자연발생적인 시장이나 우수한 시장, 디벨로퍼가 개발한 시장은 집객력이 강해 상당히 번창하고 있다. 일반적으로 이들 시장에는 슈퍼도 여간해서 당적하지 못한다. 그러나 최근에, 소규모 소매업자가 협동조합을 설립하고 고도화(高度化) 자금을 이용해서 만든 시장들은 일반적으로 성적이 나쁘다. 이들 시장은 슈퍼와 경합하면 전부가 패배한다.

그 이유로, 전자(前者)는 육류 · 생선 · 채소 등 이른바 '신선도 3품목'을 위하여, 손님의 구매빈도가 높은 상품에 대해 각각 몇 개 점포가 경합화, 복합화로 손님에게 비교 구매의 기회를 제공하고 있는데, 후자는 스스로가 출자자이기 때문에 1업종 1점포 주의를 취하는 시장이 많기 때문이다.

보통, 핵점포로서의 대형점이 없는 시장이 번창하기 위해서는 앞에서 말한 '신선도 3품목'과 같은 빈도 상품의 비교 구매 찬스를 만들므로서 집객 요소를 강화하는 것 이외에는 달리 좋은 방법이 없는 것이다.

경쟁은 번영의 근원

나는 최근 시가지 재개발이나 뉴타운 내의 쇼핑 센터 조성을 위해 자주 지방 자치단체나 상공회의소의 요청을 받는다. 그럴 때마다 마음에 걸리는 일이 있다. 그것은 핵점포의 유치는 누구나 생각하고 있으면서, 핵점포 이외의 점포에 대해서는 1업종 1점포에 구애받아 경합을 피하자는 발상이 지배적이라는 사실이다. 심지어 핵점포와 핵점포 이외의 테넌트까지도 경합을 피하도록 입주 조건을 설정하고 있는 곳도 있다.

이같은 쇼핑 센터나 시가지 재개발 빌딩에는 손님이 찾아오지 않고 매출고도 올라가지 않으며, 전체적으로 채산 불능이 되기 쉽다. 명심할 일이다.

앞으로는 핵점포 중심의 경합화, 복합화 시대이다. 이 점에 대해 가장 민감하게 깨달은 사람은 간사이(關西)의 시장 디벨로퍼들이었다. 그들은 수년전부터 스스로 개발한 시장에 이른바 시장 테넌트를 경합화, 복합화 시켜 입주시킴과 동시에, 니치이 · 니시토모(西友)스토어 · 자스코 등의 대형 양판점을 핵점포로서 유치하여 좋은 업적을 올리고 있다.

니치이와 세이덴샤(星電社)가 점포를 내고 있는 가시하라(橿原)시 야기(八木)에 있는 야기(八木) 러블리와, 니시토모 스토어가 들어 있는 도다바야시(富田林)시에 있는 산에이(贊榮)상사의 쇼핑 센터는 경합점인 다이에에 대해 월등한 업적을 올리고 있는데, 이들은 핵점포 중심의 경합화, 복합화에서 훌륭하게 성공한 실례라 하겠다.

한편, 이제는 양판점에서도 경합화와 복합화에 눈뜨기 시작했다. 인숍에 의한 대면(對面)매장을 만들고, 셀프 서비스 매장과 자기 점포 안에서 경합을 만들고, 셀프 서비스 매장과 자기 점포 안에서 경합시키는 것이 바로 이익증가, 매출 증가와 연결되는 것이라고 깨닫게 된 것이다.

알기 쉽게 말하면, 경합이 심해질 때 이런 수법을 피한다는 것은 곧 죽음을 뜻하게 된다. 처음에는 본의 아니게 뾰족한 수가 없으니 한번 해보자 하고 시작했는데, 해보고는 그 효과에 놀라 이번에는 자신을 가지고 추진하게 되었다는 것이 실정이라 할 수 있다.

이런 핵점포 중심의 결합화, 복합화 현상은 상업진단=상가에도 나타나기 시작했다. 좋은 상점 위치는 역이라든가 핵점포 등, 집객요소가 강한 것 그 자체와 그 주변만으로 한정되는 조짐을 보이고 있다. 그 주변의 범위란 모여 든 손님이 비교구매, 충동구매를 할 수 있는 범위이다. 따라서 성업을 기대할 수 있는 상업 입지는 도심상가 중에서도 급속히 좁아지고 있다. 그것을 넓히고 유지하는 방법은 여러 개의 핵점포를 잘 전개시켜, 이를 중심으로 상가 자체가 경합화, 복합화 하는 것이 최선의 방법인 것 같다. 이를 위해서는 대형점과 소형점이 저마다의 특색에 따라 공존공영코저 협력하는 것이 중요할 것이다. 서로 적대시하는 것은 스스로 목을 죄는 것과 다를 바 없는 것이다.

5. 대형점 셰어는 정착화 한다

대형점 규제는 시대적인 추세

'대규모 소매점포법'이 시행될 때를 전후하여 일본의 소매업계를 떠들썩하게 한 것은 대형점 규제에 관한 화제였다. 대형점 규제의 필요성에 대해서는 제1부 제2장의 '대형점 규제는 앞으로도 계속된다'에서 사견(私見)을 이미 말했다. 다시 읽어주기 바란다.

대형점 규제가 왜 필요해졌는가? 그것은 '대규모 소매점포법'의 성립 과정에 잘 나타나 있다. 이 법은 대형점=주로 양판점이 닥치는 대로 점포를 개설하였으므로 소형점의 경영이 전체적으로 큰 타격을 받고 이대로 가다간 문을 닫을 가능성이 많다 하여 주로 소매점 측의 요청에 의해 성립된 법률이다. '주로'라고 말한 것은 백화점 업계가 양판점을 규제하기 위해 법 성립에 작용했을 가능성이 있기 때문이라고만 말해 두겠다.

쉽게 말하자면, 양판점 규제적인 취지가 아주 강하다고 느낀 이 '대규모 소매점포법' 성립의 일반론이라고 할 수 있다. 이 법률의 제1조에는 '목적'으로서 다음과 같이 규정되어 있다.

'이 법률은 소비자의 이익 보호를 위하고, 대규모 소매점포에

있어서 소매업의 사업활동을 조정함으로써, 그 주변의 중소 소매
업이 사업활동의 기회를 적정하게 확보하며, 소매업의 정상적인
발달을 통해 국민경제의 건전한 발전에 이바지함을 목적으로
한다'라고.

그러나 원래, 상업활동은 행정구역과의 관계가 애매한 것인
데, 그 조정을 각 시정촌(市町村 ; 시·읍·면)마다 해 왔기 때문
에 대형점 진출의 영향에 대해 여러 가지로 서로 모순되는 평가
가 나타났으며 지금은 총량(總量) 규제론, 지역주의론 등이 각광
을 받고 있으나 역시 이에 대한 찬반론이 맞서 좀체 갈피를 못잡
고 있는 상황이다.

나는 일본의 대부분 대형점, 특히 양판점과는 친한 사이여서
양판점의 실정에 대해서는 아마 일본에서 제일 잘 알고 있는
부류에 들 것이다. 이런 입장에서 볼때, 이 대형점 규제 문제는
더욱 거시적인 면에서 파악해야 된다고 생각한다. 즉,

(1) 앞으로도 소매업계에서는 종사자 가 증가하리라는 것을
부정할 수 없다. 더구나 향후 수년간은 전년보다 3~5%는 계속
증가할 것이다. 당연히 점포 수와 매장 면적도 종사자 증가의
비율로 증가할 것이다.

(2) 실질소비의 증가는 연율 1~3%쯤 될 것이다. 그래서 전체
적으로 볼때, 소매업자의 경영은 조금씩 점차 어려워질 전망이
다.

(3) 완전한 자유경쟁하에 있는 일본 소매업계를 거시적으로
볼때, 이미 오버 스페이스임을 부인할 수 없고, 더구나 강자의
확대와 신규 참여가 계속될 것이므로 분명히 약자의 정리와 도태
가 진행될 것이다. 그러나 현재 문제점은 소매업계에 새로 참여
하려는 사람들의 대부분이 사회적 약자라는 점과, 현재 소매업계
의 대다수를 차지하는 영세업 종사자=사회적 약자를 정리, 도태

시킬 수 없다는 점에 있다. 그들에게 제공할 일자리가 없다는 것이 그 최대의 이유이다.

(4) 그렇다고 해서 소비자의 이익을 소홀히 여겨서는 안되겠지만, 일본의 경우 서방측 선진제국과 비교해 볼때, 상업인구의 구성비가 매우 높은 현실이라든가(표 5 참조), 지금도 실제로 진행중인 물적 유통면에서의 각종 낭비＝연중 바겐세일이나 오리지널 상품 생산의 어려움에 따르는 허실 등의 실태로 봐서, 공급과잉이나 소매점의 오버 스페이스는 긍정하지 않을 수 없고 또 소비자 이익의 확보도 경쟁면에서는 충분히 긍정적일 수 있다고 본다.

(5) 그 다음 문제점으로서 떠오르는 것은 과다경쟁에 의한 사회적 낭비이다. 예를 들면, 기업은 오버 프로덕트(과잉생산)로 말미암아 버려야만 할 물량분의 마이너스를 상정하여 판매가격을 결정하는 것이다. 예를들어 생산량이 10인 상품을 시장에서 7밖에 소비 못하고 나머지 3을 버려야만 한다면, 그 7에 대해서 10의 원가나 부가가치를 포함한 가격으로 거래되도록 공급자에 의해 배려된다. 이런 사회적 낭비는 최소한으로 줄여야만 한다.

(6) 결국, 영세한 소매업자의 생활 유지, 사회적 낭비, 물적 낭비를 최소화 하기 위해 대형점과 소형점이 공존공영할 수 있는 데까지의 대형점 규제는 부득이한 일이 된다. 물론 이 대형점 규제는 그 때문에 소비자 이익을 해치지 않는다는 것을 전제로 해야 하므로 대형점은 말할 것도 없고 소형점 측의 사업노력을 자극하는 범위를 벗어나지 말아야 한다.

이렇게 생각해 볼때, 현재 일본 소매업계의 여러가지 시스템은 참으로 잘 되어 있는 것 같다. 이미 대형점과 소형점은 제 몫과 제 구실을 알고 있다. 이중 구조, 복합 구조라는 일본인의 슬기를 살려서 보완하고 있다. 그 실정을 예를 들어 가면서 구체적으로 설명하겠다.

일본에서 백화점과 양판점을 합친 이른바 대형점이 소매점 전체의 매출에서 차지하는 매출고 셰어는, 노무라 총연(野村總研)의 조사에 의하면, 1966년에 14%, 70년에 18.6% 그리고 76년에 20.8%였다. 또 85년에는 30%에 이를 것으로 예측된다.

나는 73년경부터 이른바 대형점 셰어는 제자리 걸음을 하고 있다고 보고 있다(표9 참조). 더구나 그 셰어는 21~22%쯤 되고 이 비율은 좀체 올라가지 않으리라고 생각한다.

여기서 '이른바'라는 말을 굳이 쓴 까닭은, 백화점과 양판점을 똑같은(=) 대형점이라고 보는 것은 엄밀히 말해 무리이기 때문이다. 그러나 지금까지는 거의 같다고(=) 보아도 된다. 하지만 앞으로는 상당한 차이가 나타날 것이다.

나 개인이나 우리 회사=일본 마케팅센터와 중견급 이상의 양판점과는 지난 수년간 경영컨설턴트라는 일을 통해 모든 분야에 걸쳐 관계를 맺어 왔다. 나의 지명도(知名度)가 이들 양판점 업계에서 급속히 높아진 것은 '후나이한테 점포 개설방법을 맡기면 틀림없다'는 소문이 돌았기 때문이라고 알고 있다.

사실, 1970년부터 지금까지 개점 지도의 의뢰를 받고 내가 착수한 점포는 매장면적 1000㎡ 이상의 점포만 해도 백수십 점포에 이른다. 이들 점포의 80% 이상이 개점 초년도부터 흑자를 올렸다. 내 입으로 말하기는 쑥스럽지만 입지, 규모의 선정, 업종 구성, 레이아웃 등에 대해서, 특히 대형점에서 내가 맡아 온 개점 지도에 관해서는 하나 하나가 최선에 가까웠다고 자부하고 있다.

내가 어떤 개점 지도를 해 왔는가? 그것은 실적을 보면 당장 알 수 있고, 또 많은 대형 또는 중견급 양판점의 경영자 혹은 점포 개발 담당자에게 물어보면 알 수 있다. 또 이 책에서 다룰 사항도 아니기 때문에 생략하지만, 나는 이같은 일을 통해 점포 만들기에 관한 여러 가지 규칙을 알게 되었다.

그 중에서 이 책과 관계되는 것을 한마디로 줄여서 말하면 다음과 같이 된다.

'대형점의 상권인구와 대형점 총매장 면적의 관계가 각 대형점의 경영 내용에 가장 큰 영향을 미친다.'

편의적인 상권인구 산출방법

여기서 문제되는 것은 상권인구에 대한 정의(定義)이다. '하나의 점포나 상가에 쇼핑하러 온다고 판단되는 지역 내에 살고 있는 인구'라고 보는 것이 가장 상식적인데, 학자나 전문가에게 산출을 부탁하면 실로 '다양한' 수치가 나온다. 이것은, 내가 알고 있는 '권위 있는' 상권인구의 계산 방법만 해도 10종류 넘게 있고 각각 다른 수치가 산출되므로 어쩔 수가 없다.

그래서 나는 경영컨설턴트라는 직무상, 어디까지나 실무적, 상식적으로 상권 인구를 파악코저 생각했다.

그래서 여러 도시의 중심상가에 있는 대표적인 점포＝주로 대형점을 선정하고, 그 점포가 흡수하고 있다고 생각되는 상권내 인구를, 그 점포의 사장이나 점포장 혹은 그 도시의 상공회의소 상업부문 담당자 그리고 내가 관계하고 있는 백화점·양판점의 개발이나 조사 담당자의 의견을 참고하여 일람표를 만들어 보았다.

그들이 어떤 방식으로 상권인구를 산출했는지는 묻지 않았다. 그런데 희한하게도 그들이 알려 준 수치는 거의 비슷비슷했다.

그래서 이번에는 그들이 제시한 수치와 가장 상관관계가 있을

〈표 11〉 도심 중심상가가 흡수하는 상권 인구(대형점 상권인구)

	인구	《상업통계》의 소매업 연간판매액			대형점 상권인구		
		1972년	74년	76년	1972년	74년	76년
	만명			억엔			만명
구 마 모 토(熊本)	48.3	1,554	2,272	3,160	97.1	98.8	98.8
미야코노조(都城)	12.2	277	463	655	17.3	20.1	20.5
오 이 타(大分)	32.6	961	1,456	2,071	60.1	63.3	64.7
기 후(岐阜)	40.7	1,437	1,905	2,408	89.8	82.8	75.3
나 가 노(長野)	31.0	1,008	1,362	1,856	63.0	59.2	58.0
도 야 마(富山)	29.1	922	1,384	1,839	57.6	60.2	57.5
고 후(甲府)	19.7	756	1,029	1,505	47.3	44.7	47.0
미 토(水戸)	20.1	909	1,364	1,726	56.8	59.3	53.9
다 카 사 키(高崎)	21.6	724	1,068	1,427	45.3	46.4	44.6
우쓰노미야(宇津宮)	35.2	1,400	1,785	2,511	87.5	77.6	78.5
야 마 가 타(山形)	22.3	735	917	1,427	45.9	40.0	44.6
아 키 타(秋田)	26.9	874	1,240	1,802	54.6	53.9	56.3
히 타 치(日立)	20.3	478	695	942	29.9	30.2	29.4
쓰 치 우 라(土浦)	10.5	455	620	946	28.4	27.0	29.6
후 루 카 와(吉河)	5.6	186	243	335	11.6	10.6	10.5

주석 : 인구는 1977년 《주민 기본 대장》에서, 각 수치는 사사오입했다.
이것은 니혼 마케팅센터가 편의상 사용하고 있는 수치이다.

법한 것을 달리 찾아 보았다. 그 결과, 찾아낸 것이 '상업통계'
인 각 도시별 소매업 연간 판매액의 수치였다. '이것이 이 도시의
중심상가 (대표적인 점포) 상권인구이다'라고 각 실무 담당자가
생각하고 있는 수치는, 그 도시의 1970년도 소매업 연간 판매액
을 12만 엔으로 나눈 수치, 72년의 경우는 16만 엔, 74년은 23
만 엔 그리고 76년의 경우는 32만 엔으로 나눈 수치와 거의 같다
는 것을 발견한 것이다.

예를 들면 오이타시(大分市)의 경우, 72년의 소매 연간 판매액
은 약 961억엔, 이것을 16만엔으로 나누면 약 60만명이 된다.
마찬가지로 74년은 1,456억엔, 이것을 23만엔으로 나누면 63만명

이 된다. 또 76년은 2,071억엔, 이것을 32만엔으로 나누면 약 65만명이 된다(표 11에 주요 도시의 예를 들었으니 참고하기 바란다).

물론 이들 수치를 논리적으로 생각하면 산출방법과 근거에 문제가 너무 많아 편의상 사용하는 데는 지장이 없지만, 엄밀히 말해 이것이 도심 중심상가의 상권인구라거나 대형점 상권인구라고 내세울 수 있는 것은 못된다. 다만 실무자가 생각하고 있는 수치와 희한하게 맞아떨어지는 수치일 뿐이다. 어쨌거나 이 산출 방법은, 엄밀한 조사를 하지 않더라도 상권인구를 대략 파악하는 데 아주 편리하다. 그래서 대형점이 새 점포를 낼 때의 한 척도로서 큰 효과를 발휘한다.

대형점의 개점 지도를 할 경우, 제일선의 경영 컨설턴트로서는 먼저 이 정도의 수치를 머리에 넣고 개점 후보지의 상권내라든가 그 주변을, 대형점 경합의 실태와 상가의 상황을 파악하기 위해서는 자동차로 둘러보는 것만으로도 된다.

상권인구 및 총매장 면적과 대형점의 업적

1973년의 일이었다. 나는 개점 때 지도한 전국 각지의 대형점과 그 경합 대형점의 업적을 비교해 보고 있었는데, 문득 방금 말했듯이 내가 편의적으로 사용하고 있는 대형점 상권내 인구와 그 상권내의 대형점 총매장 면적의 관계가 각 대형점의 업적과 큰 연관이 있다는 것을 알게 되었다.

표12는 대형점 매장면적 1㎡당의 후나이식(船井式) 대형점 상권인구에 대한 고찰인데, 그 일반적 경향은 현재도 부정할 수 없으므로 기준으로 삼기에는 안정맞춤이다.

표 13은 인구 10만 이상의 도시로 대형점 매장 1㎡당 대형점

〈표 12〉 대형점 매장 1㎡당의 대형점 상권인구의 영향

대형점 매장 1㎡당의 대형점 상권 인구	각 대형점의 경영상항		일　　반　　정　　세
12명 이상	양		상권외의 상업집단에 손님을 뺏긴다. 더 대형점이 요구된다.
9~12명	양		상권외의 상업집단으로의 손님의 유출이 거의 그친다.
7~9 명	일등 상당점 이상	양	대형점과 그 주변점 이외의 점포의 손님 수가 줄기 시작한다.
	기타 점포	가	
5~7 명	초일등 상당점	양	일등 상당점과 그 주변점 이외의 점포의 손님 수가 줄기 시작한다.
	일등 상당점	가	
	기타 점포	불가	
3~5 명	초일등 상당점	가	초일등 상당점과 그 주변점 이외의 손님 수가 줄기 시작한다.
	기타 점포	불가	
3명 이하	불가		모든 점포의 손님 수가 줄기 시작한다

주석 : 1. 이 표는 어디까지나 표준 패턴화 한 것이다. 1974년에 작성했다. 현재 다소 수정을 가하고 있으나 충분히 사용할 수 있다.
2. 대형점 매장면적은 〈대규모 소매점포법〉에서 말하는 매장면적이다.
3. 대형점 상권인구는 당해 도시의 중심상가에 있는 대표적인 대형 총합점이 흡수하고 있는 상권내 인구를 말하며, 당해 도시의 소매업 판매액을 일정한 수치로 나눈 인구를 편의상 사용했다.
4. 경영상황의 양, 가, 불가는, 점포 개점시의 자기투자 환산액을 캐시플로(세금 공제후 이익＋감가상각비)로 보아, 10년내에 회수할 수 있는 경우를 양, 10~15년 회수의 경우를 가, 그 이상의 경우를 불가로 잡았다.
5. 일등상당점이란, 보통 총합적인 상품 구비가 가능한 점포를 가리킨다.
6. 초일등 상당점이란, 일등상당점의 둘째 이상의 매점을 가진 점포를 가리킨다.

〈표 13〉 대형점 매장면적 1㎡당 상권인구 상위 20선

(인구 10만 이상의 도시)

	도 시 명	대형점 매장면적 1㎡당 상권인구
		명
1	미야코노즈(都城)	2.9
2	가 와 니 시(川西)	3.1
3	가 시 와(柏)	3.6
4	마 치 다(町田)	4.2
5	무 사 시 노(武藏野)	4.3
6	도 요 하 시(豊橋)	4.3
7	후 지 사 와(藤澤)	4.6
8	야 마 토(大和)	4.6
9	미 야 자 키(宮崎)	4.7
10	오 이 타(大分)	4.9
11	마 쓰 사 카(松阪)	4.9
12	오 비 라(小平)	5.0
13	히 로 사 키(弘前)	5.2
14	히 라 카 타(枚方)	5.3
15	다 카 사 키(高崎)	5.4
16	오 쓰(大津)	5.4
17	미 토(水戸)	5.5
18	스 즈 카(鈴鹿)	5.5
19	이 타 미(伊丹)	5.5
20	야 마 가 타(山形)	5.6

상권인구가 적은 곳, 이른바 격전지 베스트 20인데 이들 도시에
서의 대형점의 업적을 상기해 주기 바란다. 내 의견에 수긍이
되리라 생각한다[나는, 점포를 만들 때 토지·건물·집기 비품을
모두 자기투자로써 장만했다 치고 경영성과를 계산한다. 그 자기
투자 환산액을, 캐시 플로(감가상각비와 세금공제 이익의 합산
액)로 수익액을 생각해 보고 15년 내에 회수할 수 없으면 그
점포는 경영상 수지를 맞출 수 없는 점포로 간주한다. 이것은

〈표 14〉미야자키시 상업의 추이

항 목	단위	1968년	70년	72년	74년	76년
소 매 상 점 포 수	점포	2,888	3,127	3,243	3,280	3,743
판 매 액	만엔	4,560,229	5,092,145	7,716,992	9,339,857	15,836,529
매 장 면 적	㎡	165,536	224,909	264,147	241,098	247,500
종 업 원 수	명	10,934	13,853	15,409	15,100	16,577
대 형 점						
매 장 면 적	㎡	19,939	21,064	31,938	77,741	75,512
판 매 액	만엔	519,322	612,175	906,577	1,882,075	2,931,149
소매점과 대형점의 관계						
매장면적점거율	%	12.0	9.4	12.1	32.2	30.5
판매액점거율	%	11.4	12.0	11.7	20.2	18.5

주석 : 마야자키 방송의 고야마 도시오 전무의 보고에서. 현재 대형점 매장
점거율은 42.5%, 대형점 매출 점거율은 25% 전후라고 추정할 수
있다.

〈표 15〉대형점 매장 점거율이 높은 도시와 점거율

(%)

＊히로사키(弘前)	39.0	야 치 요(八千代)	39.7	구 사 쓰(草津)	53.9	다 쓰 노(龍野)	42.0
＊야마가타(山形)	38.1	＊후지사와(藤澤)	52.7	모리야마(守山)	43.4	가와니시(川西)	58.1
＊미 토(水戸)	39.0	＊아 쓰 기(厚木)	39.4	히로카타(枚方)	46.0	＊야마토다카다	46.7
＊쓰치우라(土浦)	38.1	야 마 토(大和)	59.9	돈다바야시(富田林)	50.9	신 난 요(新南陽)	41.8
사 야 마(狹山)	41.7	자 마(座間)	49.1	마쓰바라(松原)	43.3	＊오 이 타(大分)	38.0
시 키(志木)	55.7	이나자와(稻澤)	40.1	다 이 토(大東)	43.9	＊히 타(日田)	42.3
사 카 도(板戸)	59.6	도요아케(豊明)	42.0	가시와라(柏原)	40.4	＊미야자키(宮崎)	42.5
＊지 바(千葉)	40.2	＊오 쓰(大津)	47.4	가 도 마(門眞)	38.0	＊미야코노조(都城)	43.1
＊후나바시(船橋)	38.6	＊나가하마(長濱)	48.4	후지이데라(藤井寺)	55.9	＊고 쿠 부(國分)	47.1
가 시 와(柏)	66.9	＊요카이치(八日市)	38.3	＊이 타 미(伊丹)	41.2		

주 : 1. 이 자료는 1977년말 시점.
2. 38% 이상인 도시를 게재했다.
3. 도쿄, 홋카이도, 후쿠오카현의 도시는 자료미비로 생략했다.
4. ＊표는 옛날부터의 소비도시

제일선 경영 컨설턴트의 상식이고 경영이 가(可)라는 것은 10 ~15년에 회수할 수 있는 경우를 가리킨다. 보통, 대형 소매업이라 하더라도 10년내 회수를 목표로 점포를 만드는 것이다. 예를 들어 개점 초년도부터 흑자가 나는 점포의 경우는 대략 7~10년이면 회수가 가능하다].

나는 이 대형점의 경영 개요의 일반적 경향을 한가지 기준으로 삼는다는 생각으로, 그다지 전문적인 주석도 붙이지 않고 1974년에 내 저서 중에 발표하여 억측과 오해를 초래했다. 특히 각 지방의 상업활동 조정협의 단계에서 총량 규제의 고찰 자료로 사용된 데 대해서는 나에게 거의 문의가 없었던 만큼 크게 반성하고 있다.

그러나 지금 생각해 볼때, 이런 사고방법은 결코 잘못된 것은 아니었던 것 같고, 하나의 사고방식을 제공했다는 의미에서는(내 진의가 때로는 180도의 오해를 받기도 했지만) 참 잘된 일이었다고 생각하고 있다.

대형점의 경영 내용과 상권내 매장 면적의 관계에 대한 설명이 길어진 것 같은데, 결론적으로 말하면 개개의 대형점 경영 내용은 먼저 대형점 간의 경합에 의해 커다란 영향을 받는다는 것을 나는 말하고 싶은 것이다.

옛날부터의 소비도시(중심상가 혹은 대형점의 후나이식 상권 인구가 10만명 이상인 도시)에서는 대형점의 매장 면적이 증가하더라도 좀체 대형점의 매출 셰어가 상승하지 않는 법이다. 표 14는 미야자키 방송(宮崎放送)의 고야마 도시오(小山俊夫) 전무의 보고에서 발췌한 것인데 중소 소매점이 많은 도시=옛날부터의 상업도시에서는 대형점 매장 셰어가 40％에 이르더라도 매출 셰어는 25~30％ 이상으로는 여간해서 올라가지 않는다.

표15에 대형점 매장면적의 점거율이 높은 도시와 그 매장 점거

율을 제시했으니 한번 해당 도시의 상공회의소에라도 한번 문의해 보시기 바란다.

그러나 새 도시, 이른바 상가가 아직 발달하지 않은 도시나 인구 급증 도시 혹은 인구 5만 이하의 비상업 도시에서는 대형점 매출 셰여가 50~60%에 이르는 예도 드물지 않다.

공존공영하는 분할 소상권시대

이런 현상에서 약간 미래적인 사고(思考)까지 첨가시키면 다음과 같이 말할 수 있을 것이다.

(1) 대형점의 매장 급증에 따라 상업도시에서는 소형점이 커다란 저항이 된다. 그 결과, 대형점 셰어는 25~30% 선에서 낙착한다.

(2) 비상업도시, 지금까지 상가가 없었던 곳에서는 소상권시대의 도래로 먼저 대형점이 생기고 대형점 셰어가 높아진다. 그러나 그 주변이야말로 소형점의 최고 개점입지이므로 얼마후 대형점과 소형점이 공존하는 상업집단이 형성된다. 대형점 셰어는 역시 30% 전후로 낙착하게 될 것이다.

(3) 대형점은, 대형점 셰어가 일정한 탓으로 상권인구에 대해 그 매장 면적이 증가함에 따라 이익이 나기 어려워진다.

한편, 대형점은 집객력이 있으므로 점포를 냄으로써 주변의 소형점에 메릿을 가져다 주는 동시에 그 주변에 새롭게 소형점을 들어서게 한다. 따라서 대형점에서 떨어져 있는 주변 소형점에 대해서는 그 업적에 악영향을 끼친다. 결과적으로 대형점의 과잉 개설은 소형점의 과잉 개설을 초래할 가능성이 매우 높다.

(4) 현재로서는 인구 5만명 이상의 도시(그 대부분은 도쿄·오사카 주변을 제외한 상업도시)에 대형점이 점포를 내는 것은

당해 도시 상가의 상권 인구 증가와 연계된다. 따라서 거기서는 소형점의 개설 기회도 증가한다. 그러나 주변 고을의 상점에 대해서는 완전히 마이너스적 효과를 초래한다.

(5) 소상권 시대의 도래로 앞으로는 비상업적인 시정촌(시읍면)이야말로 대형점의 좋은 개설 입지이다. 이 경우의 대형점은 (대규모 소매점포법에서 말하는 대형점의 매장 면적에는 관계가 없다) 상권 인구에 적절한 매장 면적의 총합점포가 될 것이다. 그 결과 지금까지의 상업도시의 중심 상가에 있는 상권 인구는 급속히 줄어들 것이다.

왜냐하면 이들 비상업 지방에 점포를 낸 대형 총합 점포는 얼마 후 그 주변에 생길 소형점들과 함께 상업집단을 형성하여 당해 소상권 내의 수요 대부분을 흡수할 것이기 때문이다. 그리고 지금까지 소비도시로 유출되고 있었던 수요의 대부분을 멈추게 할 것이다.

(6) 이렇게 생각하면 개별적으로 엄밀한 검토가 필요하겠지만 상업활동의 조정을 행정단위마다 시행할 경우도 총량규제의 발상은 장래를 상정할 때 틀린 것은 아니다. 오히려 옳다고 해야 할 것이다.

내 의견을 정리하면, '종국적으로는, 대형점 셰어가 일정한 선에서 낙착될 것 같다. 멀잖아 대형점과 소형점이 공존공영하는 시대가 도래한다고 판단된다.

결국 하나의 상권마다 고찰할 때, 대형점의 과잉 개점은 소형점의 과잉개점을 초래하고 업적이 저하하는 대형점이나 소형점의 속출이라는 사회적 낭비, 물적 낭비를 가져온다. 따라서 장래를 대국적으로 생각할 때 운영만 틀리지 않는다면 총량규제론은 옳다'고 할 수 있다.

여기서 하나의 의문이 예상된다. 분할된 소상권에서는 기호품이나 실용품만이 주로 팔릴 것이다. 그럼 고급품이나 전문품에 대해서는 어떻게 되느냐가 의문이다.

이 반론에 대한 답은 다음의 제2장 〈대상권 상법과 소상권 상법〉에서 전개하겠다.

끝으로 다시 한번 정리해 보자.

이제부터는 대형점＝양판점은 분할된 소상권 조성을 목적으로 점포를 개설하게 될 것이다. 왜냐하면 손님이 그런 점포를 요구하고 있기 때문이다. 따라서 소상권의 1등점은 고이익 점포가 된다. 다만 소상권 점포일수록 상권내의 전 수요를 커버할 수 있는 실용 상품과 고루 갖춘 풀아이템 점포＝총합점포라야만 한다. 양판점에는 이 부분에 대한 능력에 다소 문제점이 있다.

그와 동시에 소형점은 대형점에 밀착하여 개점하려고 다투어 몰릴 것이다. 그것이 소형점의 최선의 길이기 때문이다.

이렇게 생각하면 답은 정해진 것 같다.

소매업계로의 사람의 유입, 점포의 증가는 싫든좋든 대형점과 소형점의 공존공영 체제, 이른바 핵점포 중심의 경합 '복합형 쇼핑가를 소상권마다 형성할 것이다. 그 결과 대형점 셰어는 종국적으로는 일정한 선에서 낙착하지 않을수 없다고 판단된다.

6. 비슷해지는 백화점과 양판점

양판점 상품은 지방 백화점에서 재생(再生)이 원칙

최근의 유통업계의 화제에 니치이백화점 연합의 결성이 있다. 아오모리(青森)의 다케다(武田)백화점, 센다이(仙臺)의 마루미쓰(丸光), 후쿠시마(福島)의 야마다(山田) 백화점, 나가오카

(長岡)의 이치무라, 가와자키(川崎)의 고미야(小美屋) 등이 니치이와 제휴하여 새 회사를 설립한 사건이다.

나는 이들 지방 백화점과 친한 사이이고, 업무상 많은 지방 백화점과 관계를 맺고 있다. 나는 지방 백화점에 가면 습관적으로 '양판점 상품도 취급하세요. 그러면 판매고가 비약적으로 향상할 테니까요'라고 말하고 있다.

이 같은 나의 제안은 1975년경까지 대부분의 지방 백화점에서 받아들여지지 않았다. 겨우 가와고에(川越)의 마루히로(丸廣), 고후(甲府)의 오카시마(岡島), 오이타(大分)의 도키하, 우쓰노미야(宇都宮)의 후쿠다야(福田屋), 오가키(大垣)의 야나겐 등에서만 긍정적일 뿐이었다. 그러나 최근 1~2년 사이에 많은 지방 백화점이 내 제안을 받아들여 업적을 상승시키고 있다.

미토(水戸)의 이세진(伊勢甚), 하치노헤(八戸)의 미하루야(三春屋), 이와키의 다이코쿠야(大黑屋), 모리오카(盛岡)의 가와도쿠(川德), 야마가타(山形)의 오누마(大沼), 나가노(長野)의 마루미쓰(丸光) 등 지금은 이런 지방 백화점이 수없이 증가하고 있다.

니치이백화점 연합을 위시하여 자스코와 이세진(伊勢甚)의 합병, 이토요카도와 마루다이(丸大), 고토부키야(壽屋)와 사쿠라(櫻) 데파트 등 양판점과 지방 백화점의 친밀한 관계가 화제로 등장되고 있는데, 그 이유에는 지방 백화점이 양판점 상품을 취급하면 급속도로 업적이 향상하기 때문이다.

원래, 일본의 소매업과 같이 매스 메릿의 추구가 어려운 환경에서는, 지방 백화점이 양판점과의 경쟁에서 패배하는 것이 7대 불가사의중 하나라고 하겠으나 따지고 보면 나름대로의 까닭이 있다. 본질적으로 지방 백화점은,

(1) 지방에서의 매장 면적, 지명도, 권위에 있어서 명실공히

1등점이다.

(2) 더구나 지방의 우수한 인재가 모여 있다.

(3) 양판점에서는 최고의 브랜드 상품을 취급할 수가 없다 (도매상이나 메이커가 팔기를 꺼린다)는 약점이 있지만, 지방 백화점에서는 어떤 상품이나 다룰 수 있다. 그래서 지방 백화점이 양판점과의 경합에서 패배하는 것은 이론상으로 없는 것이다.

사람·상품·매장·권위 등 모든 점에서 상식적으로 판단할 때, 시류에 적응하고 있는 지방 백화점이 최근 수년, 쇠퇴하는 업태의 대표처럼 평가되고 실제 계속적으로 부정적인 화제를 제공해 온 것은 역시 그럴만한 까닭이 있다고 봐야 할 것이다.

지방 백화점의 약점

나도 지방 백화점의 경영인과 친하기 전까지는 그 까닭을 몰랐는데, 지금은 알 것 같고 다음과 같이 생각하고 있다.

(1) 자기가 근무하고 있는 업태인 지방 백화점은 장래성이 없는 업태이다, 라고 생각하고 있는 중견 이상의 사원들이 많다 (그들은 슈퍼만능론, 백화점 쇠퇴론을 주장하는 이른바 '유통혁명 절대론'적인 세미나에 대부분 참가하고 있다. 그것이 지금에 와서는 실태와 거리가 먼 이론임이 분명해졌는데도 일단 이런 세미나에 참가하여 패배의식에 사로잡히면 그것을 뒤집을 만한 이론적인 근거를 발견하기가 매우 어렵다.)

(2) 경영자가 공부를 하지 않는다(세상 일이 어떻게 돌아가는지 잘 알지도 못하는 신입사원이나 중견사원을 사명(社命)으로써 지방 백화점 쇠퇴론을 주장하는 세미나에 참가시킬 정도이므로, 경영자가 얼마나 공부를 하지 않는지 알 수 있다. 그야말로

비싼 세미나 요금을 물어가면서 자사(自社)의 장래성이 없다고 믿는 인간을 열심히 만드는 것과 같다).

(3) 도시 백화점을 모방했다(원래, 문화나 패션 같은 것은 도시에서 시골로 흐르는 것이다. 그러나 경쟁시대에서 경영의 노하우는 시골에서 배우는 것이 상식이다. 왜냐하면, 분명히 시골 쪽이 더 경영이 어렵기 때문이다. 예를 들면 상권인구가 몇백만 명인 도쿄나 오사카의 중심 상업집단 내에서는 손님이 많은만큼 고급화, 전문화 등의 획기적인 장사 방법이 개발된다. 하지만 그 모방을 인구 15만이나 20만의 지방도시에서 하면 어떻게 되겠는가. 결론은 보나마나 분명하다. 따라서 인구 20만의 도시 백화점은 자기네보다 경합이 심하고 인구가 적은 도시, 다시 말해 인구 20만 이하인 도시의 지방 백화점중 업적이 좋은 곳을 모방하는 것이 옳다. 대도시 백화점의 노하우, 상품과 시스템까지를 전체적으로 모방했다가 소화불량을 일으킨다고 할 수 있다).

(4) 자의식(自意識)=엘리트 의식이 강하다(이것은 당연하고, 좋은 일이다. 그러나 슈퍼 절대론을 배우고 머리가 명석하며 자의식이 강하면 어떻게 되겠는가. 고급품이나 전문 품목에 대한 매스 메릿의 추구=도시 백화점 중심인 상품구매 기구에의 가맹=양판점 상품의 추방이라는 결과를 초래하지 않을 수가 없다. 물론, 나는 도시 백화점 중심의 상품구매 기구는 훌륭한 기능을 갖추고 있다고 생각한다. 앞으로도 필요한 것이고, 현재의 기구를 잘 이용하면 백화점 업계가 기사회생할 수 있는 포인트가 되리라 믿고 있다).

이같은 지방 백화점이 약화된 4가지 주된 이유는 모두가 역기능으로 작용할 가능성을 내포하고 있다.

경영자가 공부를 하고 사원들은 자기가 근무하는 백화점을 시류적응 형태라고 믿으며, 모방하려는 모델을 바꾸고 그러면서도 엘리트 의식을 가지고 도시 백화점과의 교류를 과거 이상으로 강화해 나간다면 현재의 마이너스 요인은 한꺼번에 플러스로 전환될 것이다. '양판점 상품 취급'이라는 것도 이와 같이 플러스 지향을 하면 금새 알 수 있는 일로, 실제로 머리가 좋은 경영자가 있는 지방 백화점은 이 방식으로 좋은 업적을 올리고 있는 것이다.

대형점의 숙명

백화점이나 양판점과 같은 대형점은 지방으로 갈수록 하나에서 열까지 예컨대 고무줄에서 밍크코트까지의 모든 상품을 취급하고 또 모든 서비스를 제공하지 않을 수 없다. 적은 상권인구=고객을 상대로 대형 점포를 운영하는 한 이것은 당연한 귀결이다.

백화점은 양판점 상품을 취급하고, 셀프 서비스의 매장도 만들기 시작해야 한다. 한편, 양판점도 고급품과 전문품을 다루고, 대면(對面) 매장 설치, 매장외 판매(외판), 크레디트 거래 등을 해야 한다.

이러한 방법들은, 백화점이니 양판점이니 하는 어떤 기본적인 업태 차가 아니라 대형점으로서 살아가는 한 도저히 피할 수 없는 숙명이라 할 수 있다.

니시토모(西友) 스토어가 마치다(町田) · 고마쓰(小松) · 우에다(上田) 등지에 만든 점포, 이토요카도가 히로사키 · 쓰다누마(津田沼) 등지의 점포, 고토부키야(壽屋)가 만든 미야자키 · 미야코노조(都城) 등지의 점포 등은 매장면적이 1만 5,000~2만㎡나 된다는 것 이상으로 그 구조나 시스템이 백화점적이라는 점이 관심을 끈다.

어쨌든 대형점은 백화점이나 양판점 할것없이 매우 비슷해진다. 이것은 대도시의 도심에서도 마찬가지이다. 그리고 소형점과 공존공영을 꾀하면서, 상업입지 조성, 사상, 혁신적 기술 등을 통해 소매업계를 주도해 나갈 것이다.

이상 말했듯이, 일본의 산업구조와 인적 구조, 일본인의 특성 등 여러가지 요인으로 볼때, '대형점과 소형점'의 관계는 여러가지 어려움이 있겠지만 일본인의 슬기를 발휘함으로써 활로를 찾아 나아가리라고 믿는다.

제2장 대상권 상법과 소상권 상법

1. 도심상가의 활성법

가장 앞서 있는 규슈(九州)·주고쿠(中國)

제1부 제2장과 제2부 제1장에서, 소매업계에는 소상권 시대, 소위 분할상권 시대가 왔다는 것을 이유와 실정을 통해 설명했다. 실례를 한둘 들겠다.

일본에서는 서부 일본, 특히 규슈(九州)와 주고쿠(中國)지방이 소매업에서 가장 선진된 지역이다. 인구 밀도는 최근 얼마동안 제자리 걸음이거나 하강상태이다. 그렇지만 옛부터의 문화 난숙도(爛熟度)는 높다. 훌륭한 상가도 있거니와 점포와 매장도 많은 것이 이들 지방의 특징이다.

이것은 소매업 매장 면적과 인구 관계, 대형점 매장 면적과 인구 관계를 비교해 보면 쉽게 알 수 있다. 현재로서, 도쿄 주변은 인구 급증지대이기 때문에, 또 동북 지방이나 홋카이도(北海道)는 문화도가 상대적으로 관서(關西)의 서부 지방보다 뒤져 있었으므로 소매업으로서는 경쟁이 적은 지역임을 부정할 수 없다.

따라서, 현재의 소매업계는 규슈나 주고쿠 지방에서 일어나고 있는 여러가지 상황으로 미루어 전반적인 장래를 예상할 수 있다.

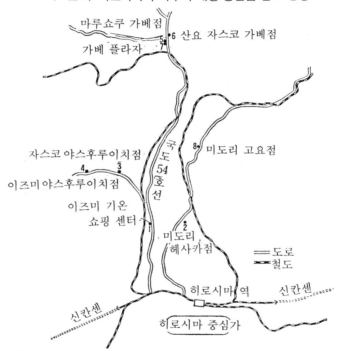

〈그림 9〉 히로시마시 북부의 대형 종합점 분포 상황

1. 이즈미 기온 쇼핑 센터(중심지에서 5.3km)＝개점 1973. 3. 27, 매장면적 9,600㎡, 기온마치 인구 4만 9,832명
2. 미도리 헤사카점＝개점 75. 10. 10, 매장면적 1,495㎡, 헤사카초 인구 2만 2,434명
3. 자스코 야스후루이치점＝개점 79.3(예정), 매장면적 7,200㎡, 아코이치 초 인구 4만 7,419명
4. 이즈미 야스후루이치점＝개점 78.9(예정), 매장면적 8,111㎡
5. 마루쇼쿠 가베점＝개점 74. 12. 3, 매장면적 6,600㎡, 가베초 인구 4만 2,079명
6. 산요 자스코 가베점＝개점 76. 9. 23, 매장면적 6,500㎡
7. 가베 플라자＝개점 74.6, 매장면적 7,260㎡
8. 미도리 고요점＝76. 10. 31, 매장면적 1,410㎡

먼저 한 예로서, 히로시마시 북부에 있는 대형 총합점의 개점 상황을 소개한다.

그림 9를 보기 바란다. 히로시마시 기온마치는 히로시마역에서 서북쪽으로 약 5㎞ 떨어진 곳이다. 또 히로시마의 중심 상업집단인 핫초호리(八丁堀)·혼도리(本通)·가미야마치(紙屋町)에서도 북쪽으로 약 5㎞ 지점에 해당한다.

이 기온마치의 중심을 국도 54호선이 남북으로 관통하고 있다. 히로시마 북부의 사람들은 1970년경까지 주로 이 국도 54호선을 이용하여 시내 중심부로 와서 쇼핑을 했다. 그런데 자동차의 급증에 따라 기온~중심지가 혼잡해지기 시작할 무렵, 일본에도 교외형(郊外型) 쇼핑 센터 시대가 도래했다. 그리하여 1973년, 이 기온마치에 히로시마를 본거지로 하는 중견 양판점 이즈미가 대형의 교외형 쇼핑 센터를 만들었다. 이 이즈미의 기온 쇼핑 센터는 현재 총매장 면적 9,600㎡, 테넌트는 66개 점포에 이르고 있다. 개점 당시, 이 쇼핑 센터의 상권내 인구는 히로시마시 북부와 북부 교외의 사람들을 포함하여 40만~50만으로 추산되었다.

그런데 그 후, 미도리·자스코·마루쇼쿠(丸食) 등이 이 40만~50만명이라고 하는 상권내에 잇달아 대형점을 냈다. 이즈미 자체도 방어적으로 점포를 내지 않을 수 없었다. 따라서 지금 이즈미 기온 쇼핑 센터의 상권내 인구는 실용품의 경우는 2만~3만명, 기호품의 경우도 수만명이 감소했다고 생각된다.

그리고 재미있는 현상은 후발점=소상권형 통합점의 업적은 너나없이 좋다는 점이다. 예를 들면, 히로시마시 헤사카(戸坂)에 자리잡은 미도리 헤사카점은 이즈미 기온 쇼핑 센터에서 불과 2㎞ 밖에 떨어지지 않아, 상권 인구가 2만명 안팎일 터인데도 1975년 10월 개점 이래 연간 매출 22억엔을 올리고 있다. 점포의

〈그림 10〉후쿠오카시 동북부의 대형 종합점 분포 상황

1. 가시이 아피로스=개점 1973. 12. 14, 매장면적 1만 3,596㎡
2. 고토부키야 신구 쇼핑 센터=개점 77. 11. 2, 매장면적 8,019㎡
3. 유니도 고가점=개점 77. 7. 22, 매장면적 1,592㎡
4. 고토부키야 고가점=개점 77. 4. 23, 매장면적 2,122㎡
5. 다이에이 가시이점=개점 79. 9(예정) 매장면적 1만 9,691㎡
6. 자스코=매장면적 6,946㎡
7. 유니도 도고점=매장면적 1만 4,391㎡
8. 고토부키야 아카마점=매장면적 2,200㎡

매장 면적이 1,495㎡라는 것을 감안한다면 이것은 경이적인 업적이다.

이와 같이 소상권형 점포는 개점 초년도부터 흑자를 올리는 것이 상식으로 되어 있다. 그 이유는 이미 말했듯이 손님이 바라고 있는 가게를 만들었기 때문인데, 주변을 이런 소상권 점포로 둘러싸인 중심지의 점포(예를 들면, 여기서는 이즈미 기온 쇼핑센터)나 도심 상가 등은 손님이 줄고 실용품이나 기호품뿐만 아니라, 충동구매의 감소에 따라 고급품, 전문품까지도 매출이 줄어들고 있다.

또 하나의 다른 예를 들겠다. 그림 10을 보기 바란다.

후쿠오카시(福岡市) 동북부의 상업집단의 중심은 가시이(香椎)였다. 국영철도 가고시마(鹿兒島) 본선인 가시이(香椎)역의 북쪽 일대의 상가가 이전에는 후쿠오카시 동북부뿐만 아니라 그 동쪽의 여러 고을, 다시 말해 후쿠시마현 가스야군(粕屋群) 일대의 상업중심지였다. 여기에는 규슈 으뜸의 고토부키야(壽屋) 계열인 지방 양판점 하카쇼(博商)의 본점(매장 약 5,000㎡)이 있다.

이 일대는 그림 10의 지도로도 알 수 있듯이, 가고시마 본선과 병행하여 그 북쪽에 국도 3호선이 뻗어 있다. 또 가시이(香椎)에서 약간 동북쪽인 변두리에서 국도 3호선은 구(舊) 3호선과 바이패스(신 3호선)로 갈라지고, 가고시마 본선을 중심으로 달리고 있다. 국철(國鐵) 가시이(香椎)역에서 북으로 약 300m, 국도 3호선의 북쪽에, 1973년 유니도가 기시이 아피로스라는 매장면적 1만 3,596㎡의 본격적인 교외형(郊外型) 쇼핑 센터를 만들었다. 이때 유니도의 조사로는 상권 인구가 후쿠오카시 동북부 일대의 사람들을 포함하여 약 40만명이었다. 지금 이 가시이(香椎)에서는 가시이 아피로스와 국도를 사이에 끼고 다이에가 가시이 쇼퍼즈 플라자(매장면적 1만 9,691㎡)의 개점을 계획하고 있다. 만약에 다이에가 개점하면 가시이는 하카쇼(博商)·유니도·다이에의 세 대형점을 핵으로 한 일대 상업집단이 된다. 그러나 이 상업집단이 번창할는지의 여부는 매우 예측하기 어렵다.

왜냐하면 현재 상황으로, 가스야군(粕屋群) 등지의 후쿠오카시 변두리에서 오고 있던 손님은 저마다의 지역에 대형점 중심의 상업집단이 생겼기 때문에 지역 밖으로의 발걸음을 거의 멈추고만 것이다.

예를 들면, 가시이(香椎)에 인접한 가스야군 신구초(新宮町)는 인구 1만 3천 명의 읍(邑)인데, 이 중심지에 매장 면적 8,000㎡의 고토부키야를 핵점포로 하는 쇼핑 센터가 작년에 오픈했다. 가시이 아피로스와 고토부키야의 거리는 불과 5km. 이 고토부키야 신구점(新宮店)은 인구 1만 3천여 명(상권인구 1만명 안팎)의 이 고장에서 최저 연간매출 30억 엔을 노리고 있다. 그뿐 아니다. 신구초에서 국도 3호선을 따라 약 5km 동북으로 가면 가스야군 고가초(古賀町)가 있는데, 인구 2만 8천의 이 읍은 중앙을 가고시마 본선이 지나가고 있어 가고시마 본선의 북동쪽은 1만 8천명, 남서쪽은 약 1만명이 된다. 이 북동쪽의 중심지인 고가(古賀) 역전에는 고토부키야 고가점(매장 약 2,500㎡)이 있고 남서쪽의 중심지에는 유니도 고가점(매장 1,800㎡)이 있어, 이 두 대형점이 각각 상권을 분할하여 번창하고 있다.

마찬가지로 후쿠마(福間)·아카마(赤間)·무네카타(宗像)·에비쓰(海老津) 등, 구(舊) 가시이 역전 상가의 상권이었던 가고시마 본선이나 국도 3호선 연변의 각 고장에는 유니도·고토부키야· 마루쇼쿠·자스코·사니 등이, 인구 1만명에 매장 1,500㎡에서 3,000㎡의 비율로 대형 통합점을 개설하여(일부 계획중인 점포도 있다) 주변의 소형점과 함께 지역 손님을 완전히 잡으려 하고 있다. 소상권 시대, 상권분 할시대가 이처럼 진행되고 있는 것이다. 가시이가 대상업집단이 되더라도 번영을 예단하기 어렵다고 말한 것은 이런 이유 때문이다.

이와 같이 생각하면 도심 상업집단 혹은 교외형 대형 쇼핑센터가 현재 고정하고 있는 실태를 독자들도 상상하실 수 있을 것이다.

나는 소상권에서 장사하는 방법을 '소상권 상법(小商圈商法)'이라 부르고 있다. 이 소상권 상법의 노하우가 개발되었으므로 분할 상권시대의 시작과 완성을 예측할 수 있고, 또 상업조정 활동에서의 총량 규제 방법을 긍정할 수 있는 것이다.

한편, 이 소상권 시대에 종래의 상가, 혹은 교외형(郊外型)의 대형 쇼핑 센터 등 시대의 희생자격인 소매업은 어떻게 활성화를

〈표 16〉 대상권 상법과 소상권 상법

대 상 권 상 법	소 상 권 상 법
고급품·전문품에서 기호품·실용품까지	기호품·실용품 중심
집객상품에 주력	전수요 대상형이 최선(단, 여성이 구매하는 상품을 중심으로)
집객형 교통요소가 필요	인근형 교통요소가 중요
소상권 상법(상품)을 포위하는 전략이 필요	
라인 증설이 첫째	현재로서는 아이템 증가가 첫째
상권인구 5만명 이상	상권인구 3,000명 이상 장차 1,000명이라도 가능?
＊라이프 사이클 발상(제Ⅲ부 제2장 참조)에 의한 Ⅲ형	현재로서는 Ⅰ형
충동구매 노하우 필요	목적구매 노하우 중시

꾀할 것인가. 적어도 이들 사업집단은 대상권형(大商圈型)의 상법을 활용해야만 한다.

예를 하나 보자. 지금 각지에서 도심 재개발이 활발히 진행되고 있다. 나에게도 각지에서 재개발에 관한 어드바이스 의뢰나 지도 의뢰가 많이 온다. 그들 계획의 대부분은 소매업을 둘러싼 여러가지 환경의 격변과 장래의 방향을 거의 고려하지 않고 있다. 그러고도 핵점포와 테넌트로서 소매업을 유치하지 않으면 도저히 수지를 맞출수 없다는 것이 99%를 차지하고 있다. 이러고서야 재개발 계획 자체가 그림의 떡이 되고 만다. 한심하기 짝이 없는 일이다.

도시 재개발의 요체도 도심 상업집단이나 교외형 대형 쇼핑센터 활성화의 포인트와 같다고 나는 생각한다. 즉, 이른바 대상권 상법의 노하우를 만들어 실행하는 수 밖에 없다고 본다.

그러므로, 내가 말하는 소상권 상법과 대상권 상법은 병행하여 운영하지 않을 수 없게 된다.

이 두가지 상법을 비교해 보자. 표16에 유의할 점을 들었는데, 대상권 상법의 요체는 집객 곧 '손님끌기'라 할 수 있다. 손님의 입장에서는 분할 상권시대가 되더라도 근처에 있는 대형 통합점이나 그 주변의 소형점을 건너뛰고 일부러 멀리 있는 도심 상업집단이나 대형 쇼핑 센터까지 교통난을 무릅쓰고라도 가고 싶은 마음이 생기는 무엇인가가 있어야 한다. 이 무엇인가가 상업집단의 집객요소인데, 이것을 강화함으로써 집객력이 붙게 되는 것이다. 이 무엇인가는 소매업의 경우 상품, 판매원의 호감도, 교통편, 그밖의 요소 등이다.

대상권 상법이란?

사실상, 내가 관계하고 있는 대형 소매기업 중에는 도심점이나 교외형 대형 쇼핑 센터가 많은데, 지금 소상권 시대의 도래와 함께 고전을 면치 못하는 데가 적지 않다. 그런데도 고집스럽게 지금도 이런 입지, 이런 규모의 점포를 또 내겠다고 하고 있으니 딱한 노릇이다. 이것은 과거 개점 때의 타성이 점포를 만드는 단계에서 좀체 가셔지지 않기 때문이다. 어쨌든 이들 고전 중인 기업으로부터 그 활성화 대책에 대해 나는 직무상 의뢰를 받는 일이 많다.

그래서, 우리 회사=일본 마케팅센터에서는 여러 가지 실험을 했다. 그리하여 하나의 대상권 상법의 노하우라고 할 만한 것을 이미 개발했다. 경영 컨설턴트라는 입장에서 나는 관계 기업으로부터 많은 비용을 받아 실험한 끝에 이 노하우를 개발한 것이므로 구체적인 예를 들어가면서 독자에게 보고하기는 지금 단계로서는 좀 어렵다.

다만 대상권 상법이 있다는 것, 그중에서 가장 효과적인 것은 이미 말했듯이 식품에 의한 집객력이라는 것 등은 나로서도 하나의 놀라움이었다. 식품이라는 것은, 가장 실용성과 일용성, 규격성이 강한 상품이고, 골목가게에서도 팔고 있는 터이므로 대상권형은 아니라고 판단하고 있었는데 막상 식품 매장을 강화하자 눈에 띄게 집객력이 붙고 상권이 넓어지는 것이다. 손님이 많이 오면 다른 상품도 당연히 많이 판매되므로 도심점 쪽일수록 충동구매 노하우를 중시할 필요가 있다는 것도 깨닫게 되었다.

소상권 상법, 대상권 상법이 어떤 것인지는 표16에 그 핵심을 제시했다. 이 표를 보고 독자께서 생각해 보기 바란다. 또 고급품이나 전문 품목을 어떤 방법으로 팔 것인지 그 해답도 함께 생각하기 바란다.

여기서는 한 두가지의 실례를 드는데 그치겠다.

내 생각을 가장 충실히 반영시켜 만든 소상권형의 점포는, 경쟁이 가장 심한 규슈(九州)에 많다.

이미 말한 유니도의 고가점(古賀店)이나 유니도 마트의 온가가와(遠賀川)점, 고토부키야의 오기(小城)점, 아소이치노미야(阿蘇一宮)점, 우에키(植木)점, 마쓰바시(松橋)점 등, 유니도나 고토부키야 계열인데 모두들 좋은 업적을 올리고 있다.

이들 점포는 패턴화 해서 표준점으로서 생각할 때, 상권인구 1만명, 매장면적 1,500㎡, 자기 투자로 환산한 상품 이외의 투자액은 약 4~5억엔, 초년도(개점후 1년간) 매출.약 15억엔, 매출이익률 24%, 상품회전은 평균 재고로 연간 9회, 종업원수는 60명(그중 파트 타이머 비율 50%), 매장 구성비는 식품·일용품 등 식품관련 40%, 의류·장신구 등 의류품 관련 60%, 매출 비율은 식품관련 2에 대해 의류품 관련 1, 상품 아이템 수는 식품 관련 약 6,000, 의류품 관련 약 3만으로 되어 있다.

아무튼, 좁은 상권 내의 고객이 대상권의 중심 상업집단으로 가지 않아도 괜찮을 만큼 전수요형(全需要型) 상품의 아이템을 구비하는 것이 소상권형 점포 경영의 포인트이다.

대상권형의 성공 실례는 제1장에서 말한 업적이 좋은 도심에 자리잡은 지방 백화점이나 양판점을 상기하면 된다.

고후(甲府)의 오카지마(岡島) 백화점, 오이타(大分)의 도키하, 구마모토(熊本)의 쓰루야(鶴屋)·고토부키야, 미토(水戸)의 이세진(伊勢甚) 등에서 그 예를 볼 수가 있는데, 이들 점포는 주변에 소상권형 점포가 속출한 지금도 손님 수가 늘어나고 매출이 전년대비 두 자리수의 상승률을 나타내고 있다.

지금 우리 회사에서는 상권제압 전략시대의 도래에 대비하여 이 두가지의 상법, 이른바 대상권 상법과 소상권 상법이 복합화, 경합화 된 노하우의 확립에 주력하고 있다. 착안·발상법이나 귀납이론상의 해명은 이미 끝났으므로 얼마 전에 '상권제압 세미나'에서 발표했다(그 내용은 가까운 시일내에 책으로 발표할 예정이다). 이에 따라, 실천이론으로 만들기 위해 지금 실험중인데 1~2년 후에는 완성될 것 같다.

내가 여기서 말하고 싶었던 바는 대상권 상법과 소상권 상법으로 나누어서 생각하고 그것을 믹스하는 데까지, 소매업의 전략 노하우 확립도 진척되어 있다는 것과 시가지 재개발 등의 대형 투자, 혹은 점포 활성화에는 이에 대한 충분한 연구가 반드시 앞서야만 한다는 것이다.

2. 마이카족 대상의 교외형 대형 SC는 의문

또 다른 석유파동

내가 잘 아는 지식인 중에는 앞으로 일본사람 가운데서 어깨를 펴지 못하고 사는 사람은 담배를 피우는 사람과 쓸데없이 차를 몰고다니는 사람일 것이라는 의견을 가진 사람이 많다. 나도 같은 의견이다. 작년부터 담배에 대해서는 매우 시끄러워졌다. 전에 애연가였고 현재 금연가인 나로서는 양쪽의 기분을 잘 알 수 있으므로 심리학 실험을 하듯이 흡연문제는 별로 문제될 것이 없으나, 자동차를 몰고 쏘다니는 사람=에너지 낭비 문제에 대해서는 여러가지를 생각케 한다.

석유의 대체 에너지가 발견될 것이라느니, 석유의 매장량은 아직도 찾으면 있을 테니까 걱정할 것 없다느니, 낙관론도 많이 있다. 그러나 나 같은 직업에서 보면, 그 시점에서 생각할 수 있는 가장 비관적인 상황을 설정하고, 이에 대한 가장 안전한 방법을 강구해야만 한다는 습성이 몸에 배어버려, 석유문제에 대해서는 우울해지는 것이다.

나니와다(難波田) · 다케이(武井) · 다무라(田村) 3씨의 공저 《이렇게 된다! 십년후의 일본경제》(1978) 내용 중 '앞으로의 무역구조'에는 다음과 같이 적혀 있다. 과거 10년간 경제 예측을 거의 다 적중시킨 나니와다씨의 주장인 만큼 마음에 와닿는 것이 있다.

다시 기아(饑餓) 수출형의 무역 구조로

——"제2차 세계대전 이전에는 물론이고 전후의 1950년대 후반까지도 일본의 무역은 기아수출형(飢餓輸出型)이라고 일컬어졌다. 메이지 유신(明治維新) 이래 일본은 어떤 일이 있더라도 선진 구미제국을 따라잡자 하고 무작정 공업화를 추진해 왔는데, 저임금·저분배율로 말미암아 좁은 국내시장이라는 벽에 부딪쳐 결국은 수출에 의존해야만 했다. 그리하여 수출을 하자니 도리어 싼 수출 가격을 유지하기 위한 저임금·저분배율의 구조를 정착, 강화하지 않을 수 없었다. 이리하여 일본은 이 악순환때문에 점점 더 수출에 의존하지 않을 수 없게 되고, 이를 위해 점점 더 저임금·저분배율을 유지하게 되어, 국민의 희생이 확대, 심화되어 갔다.

이 악순환은 후진국이 공업화를 추진할 때 끊임없이 극복해야만 하는 것으로 국제수지의 악화와 기아수출은 피할 수 없는 운명이다. 그러나 10년 후의 무역구조는 결론은 같더라도 이와는 완전히 사정을 달리 한다. 후진국형의 악순환은 1960년대 후반에서 일단 극복했다. 따라서 이젠 저임금·저분배율에 의한 기아수출형이 아니다. 그것은 석유를 비롯한 많은 자원이 양적으로 제한되어 있는 데서 생기는 완전히 새로운 타입의 그것이다.

빠르면 10년 후에는 석유는 양적으로 공급의 한계에 이른다고 한다. 그렇게 되면 석유의 가격은 한층 비싸질 것이다. 그러나 아무리 비싸지더라도 석유자원이 없는거나 다름없는 일본은, 주로 OPEC 제국으로부터 사들여 올 수 밖에 없다. 그러자면 그럴만한 외자가 필요하다. 그래서 싫든 좋든간에 수출산업에 중점을 두고 이 분야에 석유와 원자재를 투입해야만 한다. 그렇게 되면 국민은 아무리 일해봤자 석유가격의 상승에 의해 도로아 미타불이 되고, 뿐만 아니라 민생용으로 사용될 자원과 에너지의 비율은 형편없이 적어지므로 국민에게는 수출이나 수입이나 결국은 다 기아의 대상(代償)이 될 수 밖에는 없다.

오늘날의 체제로 봐서 그럴 수는 없겠지만, 설령 거국적인 노력으로 전 에너지에 대한 석유 의존도를 현재의 76%에서 10년 후에 60%로 내렸다 치더라도 성장률을 그때까지 6%로 유지 하기 위해서는 10년 후면 5억kℓ, 따라서 현재의 2.1배의 석유를 수입해야만 한다. 그러나 그것은 세계 전체의 석유 배분으로 봐서 불가능한 일이다. 가장 가능성이 높다고 생각되는 4.4억kℓ 를 수입하게 된다면 성장률은 기껏 1%밖에 되지 않는다. 그리 고, 만약에 1%의 성장밖에 못한다면 현재 상태 그대로 갈 경우 10년 후에는 600만명 이상의 실업자가 생기고, 또 그때의 석유값 은 현재의 3배 정도로 올라 있을 것이다.

물론 이런 사태가 10년 후에 반드시 일어난다는 보증은 없다. 그러나 20년 후나 30년 후나 언젠가는 이렇게 된다는 것을 각오 하고 미리미리 그날에 대비하여 대책을 마련해 두어야 한다. 더욱이 이것은 비단 석유에만 국한되는 일이 아니다. 그밖의 거의 모든 자원에 대해서도 마찬가지이다.

거의 모든 자원이 태부족한 일본은 석유에 이어서 천연가스·우라늄·철·보크사이트 등에 있어서도 같은 상황이 빚어져 더 한층 기아수출의 성격을 짙게 할 것이다.

또한, 설상가상으로 10년 후에는 세계의 식량수급도 균형점에 이르리라 예상되고 있다. 하기야 일본의 경우, 식량의 질이 다소 떨어진다 하더라도 국민의 건강에 나쁜 영향을 미치기는 커녕 오히려 좋아진다고도 할 수 있다. 또 그 수입이 완전히 스톱되더 라도 생존에 필요한 2,100칼로리는 확보할 수 있다고 한다. 그러나 석유를 위시한 에너지나 광물자원의 경우는 현재의 경제구조가 세계적으로 대변혁을 이루지 않는 한, 수입의 스톱은 물론이고 일정량 이하의 감소 조차 허용되지 않는다. 그러니 식량수입을 희생하더라도 에너지나 광물자원을 수입하지 않을 수 없다. 이런 의미에서도 다가오는 것은 기아수출이라고 말하지 않을 수 없다.

'모든 것은 에너지와 광물자원 등의 확보를 위해, 그리고 그밖의 것은 모조리 희생시켜라', 필경 이런 결말이 난다. 이러한 기본적인 조건을 전제로 하고 모든 것을 재검토해야만 한다.

증대하는 무역협정의 비중

에너지·자원·식량의 수급이 핍박해지면 IMF·GATT체제에서 강조된 자유·무차별·다각화(多角化)라는 자유무역 원리는 후퇴하지 않을 수 없다. 돈만 내면 언제든지, 어디서든지, 누구로부터든지, 무엇이든지 살 수 있다는 시대는 이미 사라진 것이다. 돈 이외의 요소——그렇다고 무력뿐만은 아닌 문화적, 역사적인 것도 포함한 국가·국민의 신뢰같은 것——가 우선하게 된다.

어느 나라든, 남의 나라보다는 자기 나라가 소중함은 말할 것도 없다. 그런 데도 굳이 남의 나라에 한정된 귀중한 자원을 나누어 주는 것이니까 돈만 가지고는 애당초부터 얘기가 안된다. 그러자면 그럴 만한 돈 이외의 것이 있어야만 한다.

과연 옳은 말이다.

내가 잘 아는 지식인들의 의견을 종합하면 다음과 같은 결론이 나온다.

'원유가격은 석유파동 후 비교적 안정되어 있다. 석유관련

제품 가격은 현재 공급과잉의 조짐이 있고 또 엔고(円高), 저(低)달러에 힘입어 일본 국내에서는 싸지고 있다. 그러나 제5차 중동전쟁의 위험, 미국의 에너지법안 통과의 어려움, 소련의 석유 생산능력 등으로 미루어 볼때, OPEC 제국이 제2의 석유파동을 준비하느냐, 않느냐와 관계없이 장차 석유가격의 앙등은 피할 길이 없다.

앞으로 일본에서는 석유절약이 무엇보다도 중요한 제1차적인 것이 된다. 그렇다면 자동차 시대의 도래는 긍정할 수 있더라도 자동차 만능의 사고방식은 경제원칙에 위배되므로 경제행위에 있어서 부정적으로 보아 두는 것이 절대적으로 좋다.'는 것이 된다.

주요 고객은 마이카족이 아니어야

이런 점을 염두에 두고 앞서 말한 소상권 시대의 도래에 대해 생각해 보자. 분할 소상권인 경우, 그 최종 상권인구는 3천명 내지 3만명 가량이 될 것으로 현재로서는 추정된다. 단, 구마모토의 니코니코도와 같이 반경 300m 이내, 상권인구 천명, 이 중에서 1등점이면 매장면적 300㎡의 총합점을 꾸밈으로써 가게는 번창하고 손님도 기뻐한다는 점포가 이미 완성되어 있다. 이와 같은 노하우를 알게 되면 장차 이런 류의 점포가 전국적으로 유행할 가능성도 있다. 이러한 시대에 마이카족을 주대상으로 한 매장면적 1만㎡를 넘는 교외형 대형 쇼핑 센터를 만드는 것은 석유문제와 아울러 생각할 때 나에게는 아무래도 의문인 것이다.

미국의 경우도 매장면적이 3만㎡가 넘는 슈퍼 리저널형(型)의 슈퍼보다도 3,000㎡까지의 네이버후드형의 슈퍼가 각광을 받는 시대가 되었다. 이것도 물론 참고로 해야겠지만, 실제로 일본에서 교외형의 대형 쇼핑 센터는 소매업과 경쟁이 심한 서부 일본에서 지금 업적이 제자리 걸음을 하는 경향을 보이고 있다. 더구나 토요일과 일요일에 손님이 몰려 평일은 판매부진으로 허덕이고 있고 여기에다 주변에 소상권형 점포가 전개되므로 더욱 더 경영상태는 가속도로 악화되고 있는 것이다.

멀잖아 전국적으로 소상권 시대가 도래한다. 이 점을 감안할 때 '매장 면적이 넓은 것은 좋은 일이며, 어떤 점포를 내더라도 시간이 지나면 경제 급성장 덕분으로 흑자가 되는 시대'가 끝난 만큼, 과거의 관성(慣性)만으로 미래에 대한 충분한 전망도 없이 주먹구구식으로 대형점을 낸다는 것은 우행(愚行)이라 할 것이 다.

생각하면 할수록 대형의 교외형 쇼핑 센터에 대해서는 아무래 도 의문이 가시지 않는 것이다.

3. 대상권의 2등점보다는 소상권의 1등점으로

1등화＝안전

자유경쟁 시장에서는 경쟁이 심해짐에 따라 손님은 특정한 공급자에게 집중한다. 이 현상이 가장 잘 나타나는 것이 일반 소매업계처럼 불특정 다수를 손님으로 하는 초자유시장이다.

보통, 어떤 시장(마켓)에서나 처음에는 공급부족 현상을 보인 다. 이런 때, 이 산업이나 상품은 시류적응해 있다고 할 수 있 다. 그런데 이런 시류적응하고 있는 산업이나 상품에는 나도 한몫 끼이자 하고 동업자나 유사 상품이 불어나게 마련이다.

〈표 17〉공급 상황과 경영 결과

공 급 부 족	모든 점포가 이익을 얻는다
밸 런 스 가 잡 힌 다	공부하는 점포는 이익이 생긴다
공 급 과 잉	손님의 욕망을 충족시키는 일부의 특정 점포 이외에는 이익이 나지 않는다
초 공 급 과 잉	일등점 이외는 이익이 나지 않는다

그리하여 이윽고 수급 밸런스가 잡히면 이번에는 손님이 특정한 가게나 상품에 집중하기 시작한다. 그러는 사이에 공급이 더욱 증가되고 초공급 과잉상태가 되면 이번에는 한 가게, 한 상품에 집중화 현상을 나타내게 된다.

지금부터의 소매업계는 앞서 말해 왔듯이, 이런 공급과잉 시대가 된다고 각오해야 하고 또 그중에는 초공급 과잉시대에 도달하는 부문도 허다하리라고 봐야 한다. 그땐 당연히 손님은 상권마다의 으뜸가는 상업집단에 집중할 것이고, 또 각 상업집단 중에서 으뜸가는 점포에 집중하게 될 것이다.

이 으뜸가는 상업집단의 조건은 경합하는 상업집단이 동일 상권안에서 복수 존재할 경우, 그 상업집단이 지니고 있는 각종 조건을 고루 갖추고 있는 곳, 이른바 집객력이 강한 곳이 된다. 구체적으로는 교통조건·대형점·식품 등의 집객 상품력에 의해 결정된다. 또 동일 상업집단 내의 1등점 조건은 손님이 제일 좋아하는 점포가 된다. 이것 또한 교통요소, 대형 총합점화, 집객 상품의 강점, 인적 서비스력 등으로 정해진다.

어쨌든 표17에 간추렸듯이 경쟁이 심해지면 1등점 이외의 점포는 경영상 이익이 나지 않게 된다. 그것이 현재로서는 아직 대형점끼리의 문제이지만, 미구에 대형점과 기업형 소형점간의 문제가 될 것이다. 그리고 나아가서는 생업점을 포함한 소매업계 전체의 문제로까지 발전될 수도 있는 것이다.

전반적으로 볼때, 소매업·도매업 등 유통업계는 지금 공급과
잉시대에 들어 있다. 이것을 전문용어로는 시류 부적응이 되었다
고 하는데, 시류 부적응 시대를 살아가는 길은 경영이라는 범주
에서 따진다면 틀림없이 1등화(一等化)인 것이다. 왜냐하면 1
등화=안전이기 때문이다.

경영이라는 것은 '1등주의 또는 시류적응주의가 그 요체'라고
일컬어진다. 그리고 시류적응 상품이라든가 산업이, 그 부적응
시대 돌입이라는 흐름을 피할 수 없는 한, 적응시대였을 때 장래
의 1등화를 지향하는 것이 올바른 경영전략이다. 이렇게 생각할
때, 대상권의 2등점보다는 소상권의 1등점 쪽이 유리하다는 것을
이론적으로 충분히 이해하리라 생각한다.

내가 전문점보다도 총합점 만들기를 권하는 이유, 표준점의
체인화보다도 1등점의 다점포화(多店舗化)가 바람직하다고 말하
는 이유를 이쯤하면 이제 이해하리라 믿는다. 전문점이라는 것은
자력(自力)으로는 1등점이 될 수 없는 것이 보통이다. 점포의
입지도 대상권형이 안될 수 없다. 그리고 표준점 또한 1등점이
되기 어렵다. 다 같이 장래의 안전을 기약하기 어려운 것이다.

'변화야말로 불변의 원리이다'라고 나는 생각한다. 지금과 같은
변화무쌍한 시대에는 '변환자재(變幻自在)의 체질이야말로 경영
력의 포인트이다'라는 말도 옳다고 본다. 그러나 경영이라는
것은 이런 시대라 하더라도 되도록이면 변화하지 않고 나아갈
수 있는 체제·점포·공장·시스템을 구축하는 쪽이 승리를
얻는다는 것이 틀림없는 것이다. 이것이 올바른 전략이라 할
수 있다.

'사람이 많이 모이는 곳에서는 어떤 장사를 해도 된다. 가게를
낸다면 역시 대상권의 중심 상업집단이다. 2등점이든 5등점이든
상관없다. 문만 열면 손님은 오게 되어 있다'는 말에는 나도 수긍

이 간다. 그리고 그런 점포는 내가 관계하고 있는 기업에도 많다. 그러나 현실적으로 소상권의 1등점 쪽이 지금도 투자에 대한 이익이 잘 상승되고 있다. 이 경향은 앞으로 더욱 조장될 것이다. 물론 가장 좋은 것은 만약에 기업이나 점포에 힘만 있다면, 보다 큰 대상권 중에서 1등점이 되는 것이다.

4. 디스카운터는 대상권 상법

라이프 사이클적 발상을

시계·안경·카메라·신사복·보석 등의 디스카운터(할인판매점)가 화제를 모으고 있다.

미국에서도 유명한 말에 '언제나 새로운 소매업소는 디스카운터에서 발족했다'는 재미있는 역사적 규칙과 같은 말이 있는데, 아닌게 아니라 백화점도 슈퍼도 제너럴 머천다이즈 스토어라고 일컬어지는 시어즈나 페니도, 혹은 바라이어티 스토어도 처음에는 싸구려 판매부터 시작했다. 나는 100% 이 말을 긍정하지 않으나 그 속에는 큰 진리가 내포되어 있다고 생각한다.

일본의 양판점도 1950년대 후반기는 분명 디스카운터였다. 그 당시의 의류품이나 식품 슈퍼의 디스카운트 장사법과 동일한 상법들을, 지금의 생활관련품인 DIY나 HI(홈 임프루브먼트 상품)의 판매에서 다이쿠마나 아이 월드 같은 대형 점포가 실행하고 있다. 또 푸치로도나 메가네(안경) 트랙그, 요도바시(淀橋) 카메라도 상품만 달랐지 마찬가지 상법으로 밀고 나가고 있다. 그러나 ROC(신사복의 디스카운터, 유통도매 센터)와 도저스가

하고 있는 방법은 약간 다른것 같다.

아뭏든, 의류품이나 식품 슈퍼는 1960년대 후반 양판점 시대의 도래와 함께 디스카운터가 아닌 것이 되어 버렸다. 그리고 지금 매출이익율 등은 전문점 쪽의 일반경비가 적게 드는만큼 양판점보다 낮은 것이 상식으로 되어 있다.

이 점에 대해 이유를 알기 쉽게 정리한 것이, 디스카운터에서 볼 수 있는 라이프 사이클적 발상이다(라이프 사이클적 발상에 대해서는 제 3 부 제2장 '세로운 경영 노하우―그 포인트'에서 자세히 설명하겠다).

일반적으로 어떤 상품이나 산업에도 라이프 사이클이 있다. 이것은 도입기 · 성장기 · 침투기를 거쳐 쇠퇴기로 들어가며 얼마 후 소멸하거나 안정된다. 현재 자기와 관련된 상품이나 산업이 어느 시기에 해당하는지를 다음 체크리스트를 보고 참고하기 바란다.

(1) 도입기

① 매스컴에서 이따금 다루게 된다.

② 중소기업 중에서 선각자 이윤(先覺者利潤)을 추구하는 타입의 경영자가 있는 회사가 처음으로 몰두하기 시작한다.

(2) 성장기

① 매출고가 급증한다.

② 분기별로 급속도의 변환점이 나타난다.

③ 이익률이 엄청나게 크다.

④ 동업자가 급증한다.

⑤ 경기에 관계없이 성장한다.

(3) 침투기

① 공급능력이 수요를 오버하기 시작한다.

② 이익이 감소하고, 이익률은 산업평균과 가까워진다.

〈그림 11〉 일본의 현재 상황으로 본 디스카운터

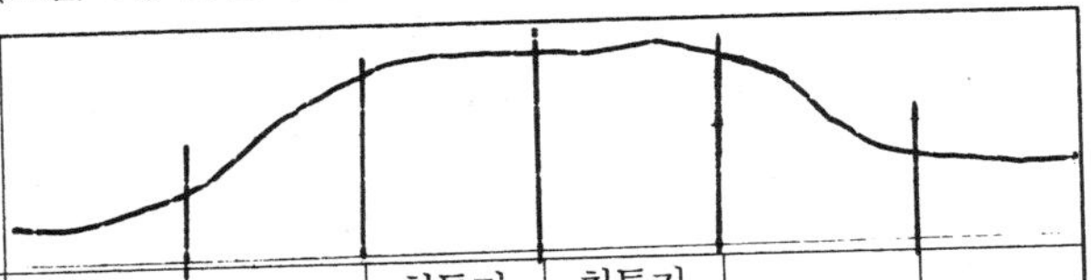

라이프 사이클도						
시 기	도입기	성장기	침투기 (전기)	침투기 (후기)	쇠퇴기	안정기
수급 밸런스	불 명	공급부족	밸런스 잡힌다	공급과잉	초공급과잉	밸런스 잡힌다
디스카운터	성 립	전기는 가능	불성립	성 립		불성립
주된 소매업의 현재	생활관련 상품 음식점 슈 퍼 할부점 상권일등점 생업점			패션 전문점 대형 종합점 교 외 형 대형 쇼핑센터		
주된 디스카운터 (기업명)	다이쿠마 프치로도 요도바시 카메라 메가네 트랙			도저스 ROC		

③ 효과적인 기술적 개발이 줄어든다.

④ 합병이나 회사 흡수가 빈번해진다.

⑤ 강력한 기업이 주도적으로 셰어를 확립한다.

⑥ 신규 기업은 성공하지 못한다.

⑦ 판매고나 이익고가 경기변동에 민감해진다.

⑧ 기업노력은 매출 증가보다도 코스트 저하, 생산성 향상 쪽으로 관심을 갖게 된다.

⑨ 설비투자 의욕이 감퇴한다.

(4) 쇠퇴기

① 1등에 해당하는 기업 이외는 전업이나 폐업·도산하는 경우가 빈번해진다.

② 전문가만이 이익을 만들어 낸다.

③ 고객의 고정화, 조직화가 최대의 힘을 발휘한다.

디스카운터는 대상권의 장사방법

일본의 현재 상황으로 본 라이프 사이클과 디스카운터에 대해 그림11로 정리해 보았는데, 결국 내 생각으로 디스카운터라는 것이 성장기의 전반까지는 충분히 성공할 수 있는 업태인 것 같다. 따라서 안경·시계·보석·카메라·DIY·HI 등 상품의 디스카운터는 현재의 이 시기도 해당되는 것이 아닐까? 그리고 그것은 본장(本章)의 주제인 대상권 상법이냐 소상권 상법이냐 라는 점에서 고찰한다면 분명히 대상권 상법인 것이다.

그러나 얼마 후에 성장기, 그리고 침투기의 순서로 라이프 사이클이 진행되면 이전의 의류품 슈퍼나 식품 슈퍼처럼 디스카운터가 계속될 이유가 없어진다. 그 시기에는 흔히 공급부족이 되고 수급 밸런스가 충분히 가능하므로 디스카운트의 메릿은 거의 없는 것이다.

하지만, 그 시기가 지나 공급과잉 상태가 되면 다시 디스카운터의 시대가 온다. 그것은 침투기 후기에서 쇠퇴기에 걸친 시기이다. 현재 의류품 소매업계나 통합 소비재 업계가 이 단계에 접어들고 있다. 그래서 ROC나 도저스는 여기에 위치하고 있다고 할 수 있다. 더 앞으로의 일은 단언하기 어렵지만, 장차 안정기가 되었을 때, 예를들어 제3차 산업에의 취업인구가 줄고 안정해질 때 디스카운터는 또다시 존재 의미가 없어진다고 나는 짐작한다. 어쨌거나 디스카운터는 일반적인 것이 아니다. 그것은 어느 시기에서나 대상권 상법에 의거하지 않을 수가 없다.

나는 여기서 디스카운터의 미래상에 대해 아주 대담한 예측을 했다. 내가 생각해도 재미있는 예측법이므로 뻔뻔스런 일이긴 하나 소개키로 했다. 이 예측이 맞을지 안 맞을지는 정말 모른다. 하지만 이런 예측을 하다 보면, 그 중에서 소매업의 시류적응 업태라는 것이 시류와 더불어 있는 것=때로는 강하게 나타나고 그러다가는 또 사라지고 하는 것이며, 소매업 경영은 전략적으로서는 시류예측업이라는 것을 통감하게 된다. 대상권 상법이나 소상권 상법이나 다 같이 이런 의미에서 파악해주기 바란다.

제 3 부

미래의 소매업
경영 노하우

경제 체제가 바뀌려 하고 있다. 물적 낭비의 제도화, 대량화를 전제로 한 소비재 업계도 지금 크게 변모하려 하고 있다. 유통업계 노동인구는 좋거나 싫거나를 불문하고 앞으로도 더욱 증가한다. 물적 공급과잉도 얼마동안 피할 길이 없다.

지금까지 최선의 방향이라고 생각되고 있었던 '유통혁명'은 일본의 산업 구조, 인적 구조, 일본인의 국민성으로 보아 현실적인 문제로서 불가능하다는 것이 확실해졌다. 당연히 유통업의 경영 노하우도 커다란 전환을 하지 않을 수 없다. 아니, 실제로는 1965년경 부터 과거에 옳다고 생각되던 수법이나 노하우가 서서히 통용되지 않고 있었다. 그리고 70년경부터는 80％쯤은 통용되지 않았다.

예를 들면 사람과 물자가 남아돌 때, 공급과잉인 상태에서 생력화(省力化 : 인력 감소)하고 재고품을 줄이면 어떻게 되겠는가. 그것은 죽음을 의미할 뿐이었다.

표준화, 단순화, 매뉴얼화, 기계화, 전문화, 분업화 등은 어느 일면에서 올바른 경영 합리화 수법이었으나, 경쟁 격화와 함께 대량구매와 대량판매만으로는 장사를 못하게 되자, 매출 저하의 수법으로 모양을 바꾸는 경우가 많아졌다.

여기에 더하여, 소득 증대와 교육 수준의 향상은 일본인에게도 인간성을 각성시켜 성악설을 전제로 구성된 미국식 경영 수법에 대해 강한 저항감을 불러일으키기 시작했다.

현재는 앤티·매스 시대의 도래를 바라지 않을 수 없게 되었고. 또 인간성 존중의 시대이다. 다시 말해 제 각각의 특성을 살려야만 하는 시대인 것이다.

최근 유통업계에서 화제의 하나는, 일본 경제신문 석간의 '내일에의 화제'란에 집필되고 있는 니치이의 니시하타 유키오(西端行雄)사장의 수필인데, 5월 11일자 석간에는 다음과 같은 글이 실려 있다.

"──덴진바시(天神橋)에서 처음 가게를 가졌을 때, 와카야마(和歌山)에서 최초로 여점원이 왔다. 이 아가씨는 선천적으로 조울증이 있었으므로 어느 가게에서도 오래 근무하지 못했다. 그런데도 우리 가게에서는 이 조울증이 재발되지 않고 명랑하며 일을 잘했으므로 손님들로부터도 귀염을 받았다. 아마도 아가씨의 선천적인 취미가 우리 가게와 조화된 것 같았다. 오래 근무하지 못한다는 것은 거짓말인성 싶었다.

그녀의 고향에 소문이 돌아, '그 애가 오사카에서 일할 수 있다면 나도 할 수 있겠지'하고 잇달아 아가씨들이 우리 가게에 와서 일을 해 주었다. 이 아가씨는 우리 가게의 복덩이와 같았다. 그런데 이 아가씨가 결혼을 하기 위해 와카야마로 귀향한 뒤에는 조울증이 재발되어 오랜 세월이 흘렀는 데도 아직 병원생활을 계속하고 있다. 지금도 틈을 내어 가끔 문병가고 있는데, 그 때마다 '선천적인 특성도 살릴 데가 없으면 묻혀버리고마는건가' 하고 생각하게 된다.

사내(社內)에도 부득한 사정으로 퇴직하고 떠나는 사람이 있다. '잘 해보려고 애는 쓰지만 아무래도 일이 벅차다, 이 계통의 학교도 안 나왔다, 발표력도 표현력도 기술력(記述力)도 없는 데다 남 앞에서는 말도 제대로 못한다'는 것이 그 이유인 것 같다. 그러나 그것은 자기에 대해 잘도 알고 있는 것 같지만 사실상 전혀 자기를 모르고 있는 것이다. '나에게는 이 정도의 능력 밖에 없다'고 자기평가를 하고 자신을 하나의 틀 속에 묶어 자기 자신의 전체를 모르며, 자기의 특성을 제대로 살리지 못하고 있는 것이다. 더구나 특성이나 천성은 스스로 알 수 있는 것이 아니라 타인만이 안다는 것임을 모르고 있는 것이다.

"왜 이 세상에 소나무가 있고 매화나무가 있고 장미가 있는 것일까. 왜 이 세상에 말이 있고 사자가 있고 인간이 있는 걸까. 왜 이 세상에 지구가 있고 태양이 있고 북두칠성이 있는 걸까. 왜 인간의 천성이 다르고 장미의 빛깔에 구별이 있는 걸까. 왜 그런지 알 수 없다. 그러나 그런 세상에 살고 있는 것이, 기쁘구나. 모두 손을 맞잡고 저마다의 특성을 기르며 집단의 특성을 기르고 모두가 똑같지 않다는 것에 감사하자"[아즈미 도쿠야(安積得也) 시집 《한 사람을 위하여》에서]

이 시(詩)는 내가 언제나 즐겨 암송하고 있는 것으로, 기업활동 같은 경우, 문득 자신감을 잃고 스스로 흔들린다고 느껴질 때, 마음의 지주로 삼고 있는 내 처세훈이기도 하다. '똑같지 않다는 것에 감사한다'는 말에는 심금을 울리는 깊은 뜻이 담겨있고 두손을 치켜들고 목청껏 외치고 싶을 만큼 기쁨을 느끼게 한다. 똑같지 않고 틀리기 때문에 거기에 거는 기대가 뭔가 있을 터이다. 나는 그것을 놓치기가 싫다."

니치이라는 양판점의 니시하타(西端) 사장의 글인만큼 '특성을 살리자'는 사상과 '똑같지 않다는 것에 감사한다'는 말은 시류의 움직임을 우리에게 암시해 주고, 또 독자의 가슴에 신선한 충격을 줄 것이다.

아뭏든, 지금까지 옳다고 평가되어 왔던 유통업의 경영 노하우에는 현실적으로 많은 오류가 있다. 또 시류에 맞는 새로운 노하우도 생겨나고 있다. 이 제 3 부에서는, 유통업의 장래에 보다 큰 영향을 미치는 것은 도매업보다 소매업이라고 판단되기 때문에 주제를 소매업으로 국한시켜 다소 미래사고 발상을 도입하여 독자들의 이해를 돕고저 한다. 그 내용에는 '유통혁명'이 실현되었더라면 아마도 완전히 반대가 되었을 성싶은 상황들이 많다. 그러므로 지금부터 설명하는 것도 크게 보아 '유통혁명의 허구' 중 일부로 파악해 주기 바란다.

제 1 장 상식적인 경영 노하우의 허구

1. 생력화, 재고품 처리, 전문화의 위험성

절대적인 감축 위주는 위험

지금 제일 알기 쉬운 경영개선 방법은, ① 사람 줄이기 ② 재고품 처리, 그리고 ③ 팔리지 않는 상품의 삭감, 이른바 전문화=잘 팔리는 것만으로 품목을 줄이는 것이다. 법정관리 회사의 관리인도 대부분 이 세가지 수법을 강조하는 경향이 많고, 경영이 악화된 기업의 재건을 위해 은행 등에서 파견된 경영진들도, 대체로 이 세가지 수법을 바탕으로 하여 발상과 행동을 전개하는 모양이다.

그러나 법정관리 회사인 경우는 특수조건이 설정되기 때문에 이같은 개선수법으로 성공하는 일이 많지만, 일반 회사는 웬만큼 조건 설정이 구비되지 않으면 업적 향상을 바랄 수 없게 되었다.

더구나 유통업계에서, 업적이 악화된 기업에 이런 개선 수법을 적용한다면, 그것은 개악수법(改惡手法)과 같은 결과를 초래할 것이 틀림없다.

나는 이 책의 머리말에서도 말했듯이 많은 유통기업의 실태에 무조건적으로 관여해 왔다. 그리고 희비(喜悲)가 교차하는 실태

속에서 십여년을 살아 왔다. 더욱이 1,000개사가 넘는 기업들과 '경영 개선'을 사업적인 목적으로 삼아 교류해 왔다. 그래서 당연하게 실정에는 훤히 통하게 되었다.

그러나 지난 십여년의 경영 컨설턴트 생활 가운데, 유통업 관계의 일에 있어서는 전반은 실패의 연속이었고 후반은 성공의 연속이라는 파격적인 별난 경험을 했다. 실패만 거듭하고 있었던 전반 중, 나는 '사람 줄이기, 재고 줄이기, 품목 줄이기'가 (경험부족 탓으로) 올바른 경영개선 수법이라고 어드바이스해 왔던 것이다.

그러던 중에 경영이라는 것이 무엇인지 그 실태를 알게 되었고 내 실패의 까닭도 알게 되었다. 그래서 1969년부터는 아주 특별난 경우가 아닌 한 '사람 줄이기, 재고 줄이기, 품목 줄이기' 따위의 어드바이스를 적어도 유통업계에서는 안하게 되었다. 반대로 '사람을 더 쓰세요, 재고도 더 많게 하고 품목도 더 증가하세요'라고 말하는 경우가 많다. 물론 무조건 늘였다가는 곧장 업적 악화와 연결되겠지만 올바른 노하우에 따라 이 수법으로 나가면 100% 성공할 수 있다는 것이 내 경험의 결론이다.

1970년부터 지금까지 하루 평균 5개사의 사장에게 이같은 경영전략상의 어드바이스를 해 왔다고 하면 1년에 1,800건, 8년 남짓 되니 약 1만 5,000건의 어드바이스를 해온 셈인데, 실패한 예가 거의 없으니 '옳았다'는 자신감과 확신을 가져도 좋으리라 생각한다.

왜 경영개선과 연결되지 않는가?

그런데, 나의 경영 컨설턴트 생활의 전반인 1969년경까지 유통업계에서 실패를 거듭한 이유는 무엇일까? 그것은 '사람 줄이기, 재고 줄이기, 품목 줄이기'가 어째서 경영개선과 연결되지 않았느냐의 그 이유이기도 하다.

그것은 아마 다음과 같은 때문일 것이다.

(1) 유통업계는 전쟁터와 같아서 언제 어떤 일이 터질지 알 수 없는 업계이다. 법정관리 회사와 같은 특수조건을 설정하기가 가장 어려운 업계라고 할 수 있다.

(2) 인간적 합리화가 매우 어렵다. 왜냐하면 사람이 판매에서 최대의 승부수가 되기 때문이다. 상품이나 설비보다도, 무엇보다도 사람이 중심이 되는 업계이다. 이 점에서는 광고회사나 상사와도 매우 비슷하다.

(3) 유통업계에는 사람과 상품이 날이 갈수록 불어나 공급과잉 상태가 계속된다. 이것은 결코 줄어들지 않는다.

이상과 같은 조건으로 볼때, 주변 조건의 설정을 철저하게 정리해야만 결코 '후퇴'가 안되는 업계라는 것을 알 수 있다.

알기 쉽게 말하면, 옛날부터 싸움터에서는 상대 군사보다 3배 이상의 전력이 없으면 원만한 승리가 어렵다. 함부로 달아났다간 몰살당하는 것이 상식이었다. 그런데, 경영 내용이 악화한 기업=상대 군보다 전력이 떨어져 있는 군대에게 '생력화·재고 압축·전문화' 등의 '후퇴'를 어드바이스하고 실행시켰으니 그것만으로도 몰살당할 수 밖에 없었던 것이다.

유통업계에서는 경쟁이 심해졌을 때, 역으로 공격하는 것이 최선이다. '후퇴'='생략' 대신 '공격'='부가'하는 것이다.

지금까지 취급하고 있었던 상품 서비스를 그대로 전부 계속하면서 여기에 지금까지 취급하지 않았던 상품이나 서비스 등을 첨가하는 것이다. 물론 첨가를 위한 수법은 있다. 경쟁 격화는 1등 집중 현상을 초래하므로 능력에 알맞는 1등점이 되기 위해 일시적인 줄이기=전문화가 필요할 때도 있다. 그러나 그것 자체도 '부가'와 포함시켜 생각해야 한다. 결국 '사람을 증원하고 상품을 늘이며 품목을 늘인다'는 쪽이 대국적으로는 옳은 것이다.

경영이란 것은 이론이 아니다. 경영체는 경쟁이 벌어지면 이겨야만 되고 살아남아야만 한다. 거기에는 인적 요소가 크다. 경영자의 능력이나 환경에 따라 취해야 할 수법은 모두가 다를 수밖에 없다. 그런 것을 종합하여 나 같은 입장의 인간이 경험상 할 수 있는 말은, 유통업계에서는 '생략의 개선법보다는 부가의 수법 쪽이 분명히 올바르다. 앞으로 사람과 상품이 점점 더 증가된다고 예측되는 업계인 이상, 이 발상은 아직도 더욱 더 효과를 발휘하리라'는 것이다.

'생략의 개선법'만으로는 앞으로 점포가 문닫을 가능성이 크다.

2. 슈퍼마켓 이론 따위는 소용없다

판매장 지향(志向)만이 만능이라는 노하우는 현실과 맞지 않는다

미국에서 체계화 된 슈퍼마켓 이론은 일본의 유통업계에 큰 변혁을 가져 왔다. 그것은 ① 코디네이트식 판매가 정책에 의한 염가의 연출 ② 원웨이 컨트롤에 의한 고객 유도와 매장 효율의 향상 ③ 셀프 서비스의 도입에 의한 저가 판매 및 저(低)코스트의 확립 등을 핵심으로 대량화 시대를 이상(理想)으로 완벽하게 체계화 된 것이었다.

일본에서는 니혼 리테일링 센터의 아쓰미 슌이치(渥美俊一)

씨 등의 선견지명과 노력 그리고 지금은 톱 클라스로 성장한 많은 양판점 경영자들의 연구와 지지에 힘입어, 1950년대 후반부터 60년대 초반에 걸쳐 양판점 시대를 맞이하게 되었다. 그것은 마치 화려하고도 환상적인 꿈속의 갤러리(화랑)와도 같았다.

일본의 경우, 본고장인 미국과 다른 것은 의류 슈퍼가 나타난 일이다. 니치이 · 이즈미야 · 나가사키야 · 이토요카도 · 고토부키야 등의 초기 점포는 의류품을 위주로 장신구까지도 취급했으나, 미국의 슈퍼마켓의 주품목인 식품과 일용품은 취급하지 않았다. 현재도 의류 마켓은 전국적으로 아직도 많이 있다. 예를 들면 낙크(니치이 계열의 단독 양판점이 만든 협동조합)의 가맹 멤버의 대부분은 의류 슈퍼의 범주에 속한다.

그런데 이들 의류 슈퍼에서는 1973년경부터 경쟁 격화에 따라 여러가지 변화를 매장에서 시도하지 않을 수 없게 되었다.

(1) 먼저 집중 레지스터(register: 금전등록기) 방식을 '분산 레지스터' 방식으로 고치지 않을 수 없었다.

(2) 셀프 서비스 판매만으로는 통용되지 않으므로 고객과 직접 상대하는 대면(對面)매장을 만들어야 했다.

(3) 취급품목도 실용품 중심에서 벗어나 고급품 · 패션품을 다루게 되었다.

(4) 원웨이 컨트롤 수법은 효율이 떨어져 통로 설정을 변화하여야만 했다.

이른바 슈퍼마켓 이론이 그대로는 통용하지 않게 된 것이다. 그리고 재미있는 현상은 작년부터 경쟁이 심한 상권에서는 식품 슈퍼와 비슷한 일이 일어나고 있는 것이다. 무엇때문일까? 슈퍼마켓 이론은 판매장 지향의 이론인 것이다. 파는 쪽에서 생각하는 이론이므로 손님의 편의보다도 파는 쪽의 경영 효율을 중심으로 구성되어 있다. 이것은 공급부족 시대의 이론인 것이다. 지금 유통업계에는 노동인구의 유입이 계속되고 매장이나 점포가 불어나 인적 서비스의 강화가 경영의 핵심이 되고 있다. 손님은 호강스러워져서 고객 위주가 되지 않으면 성과가 오르지 않게 되었다.

거기서는 사는 쪽의 이론, 이른바 '구매장 지향'이론이 필요한 것이다. 이 구매장 지향 이론의 일부는 다음 제2장에 소개하겠지만, 아무튼 앞으로는 '판매장 지향 노하우'만으로는 소매업 경영이 불가능해질 것임에 틀림없다.

시류의 격심한 변화는 소매업계에서 10년전의 혁명적 발상을 고전화(古典化)시켜 버렸다. 앞으로 유통업계에 몸담을 사람도 고전으로서의 슈퍼마켓 이론은 반드시 배워야만 한다. 고전을 바탕으로 새로운 것을 찾아내는 것이 연구의 중요한 부분이고, 그리고 그것이 훌륭한 것이었던 만큼 결코 부정해 버려서는 안된다. 그러나 고전은 고전이며 현재는 현재인 것이다. 고전만능형(古典萬能型)이어서는 안된다는 것이다.

3. 남성적 발상인 점포는 대체로 팔리지 않는다

통로가 넓고 앞이 훤한 점포는 재미없다

벌써 몇해 전의 일이다. 의류품의 현금 예매(予賣) 도매상사인 '호와도'의 가스이 간지(粕井貫次) 전무와 규슈의 양판점 고토부키야의 스자키 하지메(壽崎肇) 사장 그리고 나, 셋이서 스톡홀름의 쇼핑 센터를 거닐고 있었다[가스이(粕井)씨는 호와도의 전무라기 보다도 유통업계의 경영 컨설턴트로서도 활약하고 있는 사람. 한편 스자키(壽崎)씨는 오늘날의 고토부키야 융성의 원동력이 된 사람, 나를 포함해서 세 사람은 친구 사이라고 이해하고 이 글을 읽어주기 바란다)].

이 때, 가스이(粕井)씨가 먼저 말문을 열었다.

"우리네 도매상의 감각으로는 통로가 넓으면서도 상품이 확실히 분류돼 있고, 앞이 훤한 가게가 절대로 좋다고 보는 데, 고토부키야의 가게들은 통로가 좁고 천장까지 상품이 진열돼 있어서 도무지 알 수가 없는데, 이건 어찌 되는 겁니까?"라고.

가스이(粕井)씨가 이런 질문을 하게 된 동기는 스톡홀름 교외의 쇼핑 센터를 걸어가면서 스자키(壽崎)씨와 내가 "이 가게는 좋다" "이 가게는 틀렸는데" 하고 일일이 평하고 있는 것을 듣고 있던 그가 우리 둘이 말하는 것과는 아무래도 감각이 맞지 않는다고 느꼈기 때문인 것 같았다.

나는 소매점을 보는 기준의 하나로서 항상 다음과 같은 말을 하고 있다. "가게의 성적이 좋아지면 자연히 통로 폭이 좁아지고 진열선(陳列線)이 높아진다. 반대로 업적이 나쁘면 통로폭이 넓어지고 진열선이 낮아져 앞이 훤히 트인 가게가 된다. 따라서 그전에 가게를 보았을 때와 비교하여 통로 폭과 진열선을 보면 그 가게의 업적을 알 수 있다. 그러나 성적이 좋더라도 통로 폭을 좁히지 않고 진열선을 높이지 않는 가게가 있는데, 이런 가게는 스스로 성적을 악화시키려고 애쓰고 있는 가게와 다름없다. 미구에 성적이 나빠진다"라고.

나의 이 말은 어디까지나 경영 컨설턴트로서의 경험론을 말한 것일 뿐, 이론적인 무장은 되어 있지 않다.

그건 그렇고, 이야기를 앞으로 되돌리자.

가스이씨의 질문에, "가스이 선생, 현실적으로 앞이 훤한 가게나 진열선이 낮은 가게, 깔끔한 가게보다도 뒤죽박죽인 가게, 불난 호떡집 같은 가게가 더 잘 팔리거든요"하고 즉각 스자키씨가 대답했다.

그 결과, 필연적으로 나에게 해설의 역할이 돌아왔다.

"가스이 선생은 도매상 경영자니까 도매상적인 발상을 하시는 거죠. 내가 관계하는 데는 메이커나 도매상도 있고 소매점도 있는데, 메이커나 도매상과 소매상하고는 경영상의 포인트에 큰 차이가 있어요. 즉, 메이커나 도매상의 장사 상대는 남성인데, 소매상의 장사 상대는 여성이라는 점이지요. 남성은 이성적(理性的)으로 물건을 삽니다. 그렇지만 여성의 쇼핑에는 이성이라기보다는 본능적이고 정서적인 것이 작용합니다. 그걸 무시 못해요. 그러니까 남성이 이성적으로 생각해 가지고 이렇게 하면 여성도 쇼핑하기 편할 거다 하고 가게를 꾸며 보면 예상과 달리 전연 팔리질 않아요. 그런데 그 반대로 이성적으로 생각하면 될 것 같지도 않은 그런 가게가 잘 팔리는 경우가 허다합니다. 그러니까 아직 소매업의 이론무장은 소비자 심리(여성이 구매할 때의 심리)의 면에서는 충분히 해명되지 않았다고 할 수 있어요. 그렇지만 현실적으로 숙달된 소매의 프로(전문)들은 잘 알고 있지요. 이것은 전국의 판매성적 특A급 점포를 조사해 보면 당장 알 수 있습니다."

이렇게 나는 가스이씨에게 대답했다.

심리학에 대해 다소나마 전문적으로 배운 나는, 그후 이 이유를 이론적으로 해명해야겠다고 생각하면서도 일에 쫓기다 보니 틈이 나지 않아서(라기보다 결과가 뻔한 것을 해명해 봤자 별로 경영에는 도움이 안된다, 이런 일은 학자나 한가한 사람한테 맡겨두면 된다는 것이 내 주의이므로) 지금껏 손을 안 대고 있다.

다만 내가 지금 이런 이야기를 하는 것은 다음과 같은 이유 때문이다.

(1) 룰(규격)화 하는 일과 실험하기를 좋아하는 가스이씨가 그후 일본의 업계를 위시하여 여러 나라 소매업의 실태를 연구한 결과 지금은 '고상품 밀도(高商品密度)' '고품목 농도(高品目濃度)' '뒤죽박죽' 등의 내 사고방식에 심취자(?)가 되고 '좋은 가게와 나쁜 가게'에 대해서는 스자키씨나 나하고 완전히 견해가 같아졌다.

(2) 얼마 전에 미국과 유럽을 돌았을 때 J. C. 페니의 새 점포들은 하나같이 천장이 낮고 진열선이 높다는 것을 알았다. 물어보았더니, "지대(地代)와 건축비가 엄청 올라서, 천장 높이를 줄이고 상품 진열량을 늘이자니 이렇게 됐다"고 했다. 그런데 결과적으로 이것이 투자 효율이나 매출 효율에 있어서 그전보다 훨씬 높다는 것이었다.

(3) 합리화로 유명한 독일의 소매점이 대폭적으로 변했다. 점포마다 통로가 좁아지고 진열선이 높아졌다. 이유가 뭐냐니까, "세계에서 제일 효율이 좋은 일본의 백화점, 그것도 미쓰코시(三越)의 본점이나 한큐(阪急)의 본점은 통로가 좁고 진열선이 높지 않느냐"는 대답이었다. 결과는 아주 좋은 모양이었다.

일본의 많은 소매점에서는 지금도 '진열선을 낮게, 전망이 좋게'라고 가르치고 있다. 이것은 남성에게는 퍽 알기 쉬운 이치이다. 도매상이나 메이커의 사람들에게도 이해가 되고 가게에서 실제로 상품을 팔아 본 경험이 없는 학자나 관리들에게도 잘 이해된다. 그러나 현실적으로는 전망이 별로 좋지 않고 진열선이 높은 쪽이 훨씬 매장으로서도 효율이 좋다. 경영상으로도 마찬가지이다. ……그래서 내가 경영 컨설턴트라는 사업을 계속할 수 있는 것인지도 모르겠지만.

남성적 발상에서 여성이 선호하는 점포로

지금 소매업계는 매우 어렵다. 소비의 위축으로 죽을 지경이다. 이럴 때, 소매점 고객의 80%를 차지하고 구매 결정에서 75%의 주도권을 쥐고 있는 여성에 대해 남성들은 더 연구해야만 되지 않을까.

경쟁이 심해지면 심해질수록 남성보다 여성 쪽이 더 까다로워지고 변덕스러워지며 사치스러워진다. 조금이라도 싼 가게, 조금이라도 기분이 좋은 가게, 조금이라도 이미지가 고급스러운 가게에 집중하게 된다. 거기서는 여성화 지향이 아무래도 필요해진다. 왜냐하면 소매업에서 손님의 80% 이상이 여성이기 때문이다.

남성적 발상에 의해 꾸며지는 점포에 있어서, 남성이 직접 돈을 내고 사는 상품을 주로 팔고 있는 점포 또는 자동차용품·DIY 용품·스포츠 용품·남성용 레저 용품·음향기기 제품·신사용 아웃웨어(코트나 스웨터 등)의 매장이나 점포는 별도로 하고 다시 한번 생각해 볼 필요가 있다. 남성에게는 어렵지만 즐거운 시대이기도 하다.

4. 노동 생산성 만능주의는 위험천만

생력화는 1인당 경비를 증가시킨다

나는 세미나 강사로서 자주 초대를 받는다. 아마도 1년에 3

00~400회쯤은 남 앞에 설 때가 많다. 물론 세미나 강사라는 것은 내 본업인 경영 컨설턴트의 여기(餘技) 같은 것이어서 별 부담없이 청을 받아들이는데 최근에는 어떤 세미나에서나 되도록 질의응답의 시간을 많이 갖고 있다. 그 석상에서 많이 나오는 질문은 노동생산성에 관한 질문이다. 또, 나는 많은 소매업 기업과 관계하고 있으므로 그 곳을 처음 방문했을 때 으례 나오는 것이 생력화와 노동생산성에 관한 질문이다.

생각컨대 현재의 유통업계, 특히 소매업계에는 노동생산성 신앙이 팽배해 있는 것 같다.

그것은 '1인당 매출이익금을 높이는 것이 이익과 연결된다. 따라서 이것을 노동생산성 추구의 지표로 삼아야 한다. 노동분배율(매출이익 중의 노동비의 비율)은 일정한 비율 이상이 되면 이익을 압박한다. 그러나 급료는 해마다 올려야 한다. 그렇다면 이것과 균형이 잡힐 만큼의 1인당 매출이익도 올려야만 한다'는 발상이다. 이것은 한편으로 분명히 옳다. 그러나 다른 일면에서는 전혀 옳지 않다.

이유를 설명하기 전에, 먼저 질문 이야기부터 하자. 세미나 석상에서, 혹은 새로 관계를 맺는 기업에서 내가 제일 많이 받는 질문은 다음과 같은 것이다.

"선생님은 생력화(省力化)에 반대하고 오히려 사람을 더 쓰라고 하시는데, 아무리 생각해도 납득이 안 갑니다. 알기 쉽게 좀 설명해 주십시오."

"노동생산성의 향상, 즉 1인당 매출이익을 높이는 것이 가장 올바른 이익을 위한 지름길이라고 알고 있습니다. 그렇다면 사람을 줄이는 것이 좋다고 생각하는데 선생님은 왜 사람을 더 쓰라고 하십니까?"

이 점에 대해 나는 전부터 '경비의 원리'로서 설명해 왔는데, 별로 이해가 잘 안되고 있는 것 같았다.

이익은 매출이익금에서 경비금액을 뺀 것이다. 따라서 매출이익금을 늘리고 경비액을 줄이면 이익 폭이 커진다는 것은 누구든지 알 수 있다. 그런데 아까 질문자가 말한 '1인당 매출이익금을 높이는 것이 가장 올바른 이익을 위한 지름길'이라는 논리는 1인당 경비가 일정한 경우에만 성립하는 논리이다. 일반적으로 생력화＝사람을 줄이면 틀림없이 1인당 매출액, 1인당 매출이익금은 불어난다. 여기서 1인당 경비가 불어나지 않는다면 이익은 확실히 불어나지만 소매점 등의 경우, 1인당 경비가 생력화에 따라 급속히 증대한다. 알기 쉽게 말하면 고정경비라고 일컬어지는 토지대·건물대·설비비 등은 생력화하더라도 절대로 감소하지 않는다. 전기 요금이나 포장지대, 선전비 등의 변동경비도 생력화 했다 해서 결코 감소되는 일은 없다. 오히려 증대 경향을 보이는 것이 통례이다. 그러므로 1인당 경비는 사람을 줄임으로써 비약적으로 증대하게 된다. 이것이 1인당 매출이나 매출이익금이 생력화에 의해 증가해도 그 결과로서 이익이 증가하지 않는 이유이다. 따라서 올바른 해답은 '1인당 매출이익금을 높임과 동시에 1인당 경비를 줄이는 것이 이익을 위한 최단거리'라는 것이 된다.

그 다음에 또 한 가지, 생력화 하더라도 이익에 연결되지 않는 이유가 있다.

즉, 사람을 줄인다는 것은 본사나 본부의 사람들은 그대로 두고 제일선의 영업 담당자, 다시 말해 소매점에서는 판매원, 도매상에서는 세일즈맨이 첫번째로 인원 삭감의 대상이 된다는 사실이다. 그럴 수밖에 없는 것이 본사나 본부에 근무하는 사람들은 감원의 입안자요, 시행자이기 때문에 스스로를 목자르는 짓은 하지 않는 법이며, 또 생력화＝집중화＝본부·본사 중시

(重視) 체제를 취하지 않을 수 없기 때문이다.

이것은 즉각적으로 매출 감소를 초래한다. 매출액이 제일선 판매원의 인원수와 비례한다는 것은 진리이고, 제일선 판매원을 줄인다면 그것은 생력화=매출 감소를 각오하고 하는 일이라고 보아야 한다.

이리하여 1인당 매출은 생력화에 의해서 신통찮은 결과가 되고, 그 뒤에 문제되는 것은 제일선 담당자가 줄면 로스율이 불어나 매출이익율이 떨어지게 된다. 금과옥조인 '1인당 매출이익'까지도 속된 말로 빛 좋은 개살구가 되고 만다. 알기 쉽게 말하면 '목자르기'는 자칫 잘못하면 지지고 볶는 결과만을 빚고 마는 것이다.

어쨌든 사람을 활용하자

일본의 경우, 제1차 산업과 제2차 산업에서 밀려난 사람들이 제3차 산업, 특히 유통산업으로 비집고 들어올 수 밖에 없다. 따라서 도매업이나 소매업이나 앞으로 더욱 더 경쟁이 심해졌으면 심해졌지 완화되리라고는 생각되지 않는다. 이같이 경쟁이 치열한 데서는 경쟁자보다도 내 쪽에서 더 손님이 좋아하는 판매법을 강구해야만 한다. 인적 요소가 많이 활용되는 소비재의 도매·소매에서 가장 손님이 좋아하는 판매법, 그것은 바로 인적인 서비스이다.

그것은 고정객화(固定客化)와 연결되고 낭비가 없는 구매, 판매와도 연결된다. 선전비도 적게 든다. 더구나 인간은 제대로 교육만 하면 자기 급료에 걸맞는 판매고를 올리기 위해 노력하는 법이다. 동료들간에 눈에 보이지 않는 경쟁이 벌어지는 것이다.

그런데, 사람을 너무 줄여 이런 개인적인 노력이 별로 필요없는 환경이 되면 나머지 사람은 가게의 일보다도 다른 일에 더 관심을 갖게 되고 샐러리맨화(늦지 않고 놀지 않고 일하지 않고 다시 말해 시간만 메우며 시키는대로만 하고 일의 성과에는 무관심)하기 마련이다. 이렇게 생각할 때 생력화는 매우 위험한 처방이다. 충분한 계산이 앞서지 않으면 어처구니 없는 결과를 초래하게 된다.

나는 오늘날의 일본인 중에서 가장 씩씩한 사람은, 성공한 기업의 창업자들이라고 생각한다. 사회제도가 아무리 바뀌거나 천재지변이 있더라도 그들은 사회의 지도자로서 박력있게 일본인을 이끌고 가리라고 본다.

이 창업자 오너들의 공통점은 불황 때나 기업 업적이 악화했을 때 '사람 줄이기'라는 수단을 여간해서 취하지 않는다는 점이다. 그들은 사람의 가치를 알고 있고, 사람은 자기 수입에 해당하는 만큼의 수익을(형편없는 사람은 별도지만) 충분히 올린다고 믿고 있다. 사람이란 것은 쓰기에 따라서는 가장 싸게도 이용되고 또 잘못쓰면 가장 비싸게도 먹히는 것이다.

내가 말하는 '경비의 원리'란 이와 같이 싸게도 비싸게도 되는 것을 비싸게 되게끔 노력함과 동시에 토지·건물·설비 등의 고정비·선전비·광열비 등의 변동비를 경비와 매출이익의 관계에서 가장 저율이 되도록 억제하면 이익이 생긴다는 논리인 것이다.

이것은 '1인당의 노동생산성이 돈을 버는 척도'라는 따위의 속임수가 아니라, '1인당의 매출이익 마이너스 경비가 돈벌이의 척도'라는 확실한 논거가 있는 것이다.

나는 이런 관점에서는 창업자 오너들이 본능적으로 깨닫고 있듯이 '생력화보다는 오히려 사람을 투입하는 것이 경비의 원리로 말한다면 이익에 공헌하고 또 그것이 유통업계와 같은 경쟁격화 업계에서는 가장 시류에 적응한 경영법이다'라고 말하고 싶은 것이다.

　내가 상품을 더 늘리라고 말하는 것과 총합화 하는 편이 더 낫다고 하는 것도 같은 맥락에서 권장하는 것이다. 그렇다고 앞뒤도 재지 않고 달려들어서는 안된다. 어떤 수법이나 그것을 채용할 때는 충분히 납득하고 자신감을 얻은 연후에 시작해야 한다.

　아무튼, 노동생산성 만능주의에 얽매어 있으면 점포를 망치는 사태가 벌어질지도 모르므로 유의하기 바란다.

제 2 장 새로운 경영의 노하우—그 포인트

'유통혁명'적인 경영 노하우의 파산

격변하는 유통업계에서는 미크로(미시)적인 면에서 차례차례 시류에 적응하는 경영 노하우가 생겨난다. 그리고 사라져 간다. 그리고 일부 경영자 사이에서는 "경영이란 조령모개가 아니라 조령주개(朝令晝改)다'라는 자조적(自嘲的)인 말이 오갈 정도이다. 가능하다면 기업을 경영하는 한, 누구나 다 되도록 영속성이 있는 경영 노하우가 바람직하고 발견하고 싶은 것이다.

이런 생각으로 나는 지난 십수년간 경영 컨설턴트로서 혹은 스스로 경영자로서 사업에 노력해 왔다.

이미 말했듯이 1960년대 후반에 확립된 유통업계의 경영 노하우는 '유통혁명'을 선(善)으로 간주하고 그것을 추구하는 목적을 가진 것이었다.

그러나 일본에서는 소위 '유통혁명'이 일어나지 않았다. 앞으로도 아마 일어나지 않을 것이다. 그래서 60년대 후반에 확립된 유통혁명 지향적인 경영 노하우는 70년대에 접어들면서부터 급속히 실효가 없는 것으로 되어 갔다.

우수한 경영자는 이론적인 무장보다도 '필요성'과 '본능적 경영

능력'에 따라 반유통혁명적인 경영전략, 판매전술을 반신반의 속에 실행해 왔다. 그러나 지금은 경영에서 유통혁명적인 발상과 노하우가 무리라는 것을 이미 알고 있으며, 새로운 시류에 맞는 경영 노하우가 거의 확립되어 있다. 또 유통업계의 미래상도 앞서 말했듯이 대충 짐작하고 있다. 충분히 노력하고 있는 경영 자에게는, 경영전술이나 중점적인 전술이 이제 조령모개(朝令暮 改)나 조령주개(朝令晝改)일 필요가 없게 되었다.

나는 해마다 두 번, 1월과 7월에 내가 관계하고 있는 기업의 경영자들을 초청하여 2박 3일로 '유통전략 세미나'를 개최하고 있다. 이 세미나의 대부분을 나 혼자 리더로서 담당해 왔으므로 '후나이 원맨 세미나'라고도 일컬어지고 있는데, 지금은 유통업계 에서 제법 유명한 세미나로 알려져 있다. 이 세미나에서는 지난 반년간의 정세를 모든 면에서 분석한 다음 앞으로의 전략수립을 위한 방향을 설정해 왔다.

최근 이 세미나의 '마무리'에서 내가 강조한 것은 다음과 같은 것이다.

1976년 1월, 제14회 세미나에서,

① 이제부터는 자본 생산성 추구의 시대이다.

② 모델 찾기의 장사 방법을 실행하자.

③ 가장 적절한 규모를 알자.

④ 집권(集權)과 분권(分權)의 조정이 앞으로의 포인트가 된다.

⑤ 주관적이고 몰입적(没入的)인 전략은 위험한 시대가 되었 다.

1976년 7월, 제15회 세미나에서,

① 유통업계에는 마침내 마지막 경쟁의 시대가 닥쳐 왔다.

② 여기서는 일본적 경영이 승리의 포인트가 될 것이다.

③ 우선 순위를 알고 집중력을 발휘하자.

④ 원점 지향을 하자.

⑤ 어떤 일에나 정신적인 자세를 가지고 색다르게 행동할 것.

1977년 1월, 제16회 세미나에서,

① 인간력 시대가 왔다.

② 유통합리화는 무리일 것이다.

③ 상품 제압보다는 상권제압을 생각하자.

④ 권위있는 상품 만들기, 암시상법(暗示商法)시대에 대한 대응책을 강구하자.

⑤ 올라운드 맨 그룹 만들기가 경영의 결정적 핵심이 될 것이 다.

1977년 7월, 제17회 세미나에서,

① 손님의 조직화, 고정화(固定化)를 도모하자.

② 총합화(總合化) 시대가 마침내 도래했다.

③ 생업경영(生業經營)의 메릿을 기업에서도 활성화 하자.

④ 이제부터는 성실성의와 공손해야 된다.

⑤ 사원들은 창업자 오너적인 센스를 갖도록 하자.

1978년 1월, 제18회 세미나에서,

① 느루먹기(긴축 경영)가 때로는 올바른 전략이다. 명문가 (名門家)나 옛사람들의 슬기도 배우자.

② 손님에게 접근하는 시대가 도래했다.

③ 아이템의 증가보다도 수준이 높아야 되는 시대이다.

④ 정공법(正攻法) 상법이나 초전문가(超專門家) 장사 방법으

　　로 수익을 올리자.

　　⑤ '벌어들이기 습관화'와 아울러 '아껴쓰기 습관화'가 앞으로
　　　는 필요하다.

　　대강 이상과 같다.

　　이것을 지금 회고해 볼때, 1976년경부터 유통업계의 방향도
대충 알 수 있는 것같고, 내생각＝참가자의 생각도 대체로 안정
되었던 것 같다.

　　이런 의미에서, 지금부터 쓸 내용은 이미 새로운 경영 노하우
가 아닐는지도 모른다. 그러나 세미나에 참가하고 있는 사람들은
유통업계에서 주요 기업의 경영자가 대부분이지만 유통업계
전체로 보면 그야말로 극소수에 불과하다. 따라서 지금부터 말할
내용은 유통업계에 종사하는 대다수의 사람들에게는 역시 새로
운 경영 노하우일 것이다. 이 제2장에서는 착안과 발상, 원점
(原點) 지향, 시류 적응의 세 가지 면에서 새로운 경영 노하우의
포인트를 말하려고 한다.

1. '라이프 사이클'적인 발상

'라이프 사이클'의 3가지 시기

　　제 2 부 제2장에서 '디스카운터'에 대해 말할 때, 라이프 사이클
적 발상의 일부를 소개했다. 다시 한번 읽으시기 바란다. 또 그림
11도 한번 더 잘 살펴주기 바란다.

　　나는 지금 경영을 라이프 사이클적으로 파악하여 다음과 같이
생각하고 있다.

(1) 머리가 좋은 경영자, 열심히 일하는 경영자가 경영하는 기업(회사)은 반드시 성장하는 시기가 있다. ……이것을 제1기 경영환경이라 부르고 있다.

(2) 이 시기가 지난 후, 경영자가 머리가 좋고 열심히 일한다는 것만으로는 업적이 신장하지 않는 시기가 온다. 단, 이 경영자가 피나는 노력을 하고 연구를 거듭하면 이 시기는 업적이 신장한다. ……이 시기를 제Ⅱ기 경영환경이라 부르고 있다.

(3) 그러다가 이 시기가 지나면, 경영자가 출중하게 머리가 좋고 열심히 일하고 뼈를 깎는 노력을 경주하며 공부를 하더라도 그것만으로는 업적이 오르지 않으며, 같은 업계에 도산이 속출하는 시기가 온다. 이런 시기에 업적을 향상시키는 기업(회사)은 경영자에게, 경영자 체질이라는 선천적인 기질이 있는 기업에 한한다. ……이런 시기를 제Ⅲ기 경영환경이라고 나는 부르고 있다.

이것을 산업 라이프 사이클론이라든가 업태나 상품의 라이프 사이클론에 부합시켜 보면 제Ⅰ기＝성장기, 제Ⅱ기＝침투기(浸透期)의 전기, 제Ⅲ기＝침투기의 후기와 쇠퇴기라고 말할 수 있다.

다시 이것을 소매업계에 부합시켜 정리한 것이 표18이다. 지금 나에게는 메이커·도매업·소매업으로 나누어 작성한 각각의 세밀한 전략(방향 설정)·전술(계획과 통제) 도표가 있지만, 표18에는 본문의 이해에 도움이 될 항목만을 골라 실었다. 이 표18을 볼때의 참고로 몇마디 보충하겠다.

생업경영은 언제나 제Ⅱ기에 해당한다고 보는 것이 가장 타당한 것 같다.

또 경영 라이프 사이클을 생각할 경우, 현재 제Ⅰ기에 있는 업태가 제Ⅱ기·제Ⅲ기로 이동하는 기간은 늦게 출발한 것일수

〈표 18〉 경영의 라이프 사이클

		제Ⅰ기	제Ⅱ기	제Ⅲ기
일반 사이클 시기		성장기	침투기(전기)	침투기(후기)와 쇠퇴기
경영자의 조건		머리가 좋고 열심히 일한다	노력 + 근면	+경영자 체질
업태별로 본 주된 소매 업태의 현재의 위치		DIY·HI 총합점 소상권 일등점	가전품 양판점 크레디트 데파트 슈퍼마켓	도심 전문점 교외형 대형 쇼핑 센터 도심 총합점
수 급 상 태		공급부족	밸런스가 잡힌다	공급과잉
각기마다의 최소한 필요한 경영전략 ‖ 소매업의 경우	기 본	전문화	총합화	하이 이미지 부각 대중화
	점포환경 입지	매출액이 오르는 곳	이익이 오르는 곳	손님이 와주는 곳
	점포환경 수지맞는 점포	표준점	일등 상당점	일등점
	점포 만들기	판매장 지향	일부 판매장 지향	구매장 지향
	(주석) 레이아웃	원 웨이형	샘정(#)자형(시장형)	핵점포 중심 복합형
	(주석) 레지스터	집중형	집중+분산형	다양형
	(주석) 판매방식	셀프 서비스	셀프 서비스+대면	셀프+대면+인간미
	상품 구매방법	본부집중	본부+점포	점장 권한 강화
	상품 전략	잘 팔릴 요소 추구	낭비(허실)도 부가	포위(둘러싸기)가 최선
	이익의 근원	매 출 (점포환경)	상품력	인간력

주석 : 이 표는 각기마다의 최소한의 경영전략을 제시한다. 따라서 제Ⅰ기에 제Ⅱ기의
경영전략을 아울러 채용하는 것은 결코 잘못이 아니다. 오히려 그렇게 하는
편이 효과적인 경우가 많다.

록 라이프 사이클이 짧은 것 같다. 그 예를 미국의 소매업에서
보자.

미국의 경우, 근대형 소매업태로서 성립한 것에 다음 다섯가지
형태가 있다.

(1) 백화점…① 출현＝1860년 ② 시장 점거율이 최대에 이른
해＝1940년(침투기의 전반부(前半部)의 끝～후반부(後半
部)의 시작) ③ 그때까지 소요된 연한＝80년

(2) 바라이어티 스토어…① 1910년 ② 1955년 ③ 45년

(3) 슈퍼마켓…① 1930년 ② 1965년 ③ 35년

(4) 제네럴 머천다이즈 스토어…① 1950년 ② 1970년 ③ 20년

(5) 홈 임프루브먼트 센터…① 1965년 ② 1980년(추정) ③ 15년

이상 다섯인데 이것을 검토해 보면 연대가 지남에 따라 라이프 사이클이 단축되고 있다.

일본의 소매업도 마찬가지로 1985년경에는 전 업태가 제Ⅲ기에 이르게 됨과 동시에 앞으로는 좀체 새로운 업태가 나타나기 어려울 것으로 생각된다.

그뿐만 아니라 일본의 경우, 일반적으로 소매업계를 보면 이미 제Ⅲ기에 접어든 것 같다. 이때는 경영자가 필수적으로 경영자 체질을 지니고 있어야만 한다(경영자 체질을 지니지 않는 사람은 경영자를 그만두어야 한다).

경영자 체질과 경영 목표

경영자 체질이란 경영목표의 추구가 취미이고, 그 취미를 훌륭히 살릴 수 있는 체질을 말한다.

(1) 사회성의 추구=존재 메릿,부존재(不存在) 디메릿의 확충에 대한 추구라고도 할 수 있다.

(2) 수익성의 추구=종업원의 급료, 주주에의 배당, 그리고 사회에의 환원이란 의미에서 납세하는 것이 기업의 책무이다. 이를 위해서 적정한 이익을 추구해야만 한다.

(3) 안정성의 추구=거래처나 종업원 등, 기업관계자와의 신의를 위해서라도 보다 안전을 강구해야 한다.

(4) 성장성의 추구=이상적인 인적 구성은 피라미드형이다. 그리고 평균 연령은 젊은 편이 좋다. 이를 위해서는 성장이 부가결하다.

이와 같은 경영 목표의 추구를 취미로 삼는 것은 아무에게나 되는 일이 아니다. 더구나 그것을 살릴 수 있는 체질이 아닌 사람은 제Ⅲ기의 경영자로서 실격인 것이다.

또 구체적으로 제Ⅲ기에는 소매업 노하우의 기본적 사고로서, 표18에 제시하였듯이, ① 집객력 ② 하이 이미지 ③ 대중상법(大衆商法) ④ 상업집단이나 점포내의 핵심적인 복합·경합화 ⑤ 다양화한 판매 수법의 구성 ⑥ 인간력의 강화 등이 필요해진다.

이러한 라이프 사이클적 발상에서 나오는 새로운 노하우가 앞으로 경영의 중요한 포인트가 될 것이다. 그것은 이미 여러 면에서 확립되고 있다. 하나는 원점 지향적인 면이고, 하나는 시류적응적인 면이다. 원점지향의 한가지 노하우로서 '정공법 상법 또는 초전문가 상법'을, 시류 적응면의 한가지 노하우로서 '하이 이미지 부가 대중상법'을, 순서에 따라 그 포인트만 설명하겠다.

2. 원점지향, 정공법 상법 또는 초전문가 상법

벗어나기 쉬운 소매업의 원점

'경쟁이 심해지면 원점지향을 하자. 거기에 해결책이 있다'느니, 혹은 '업적이 악화하면 원점으로 돌아가자. 뭐가 잘못되었는지 알 수 있다'는 말을 흔히 듣는다.

이것은 개개의 경영 노하우가 시류에 따라 변하지만 '원점은 변하지 않는다'는 것이기도 하다. 예를 들면 소매업의 원점은 다음과 같은 것이다.

(1) 손님을 기쁘게 해주자.

(2) 그러기 위해 손님과 가장 가까운 사람이 상품을 사들이고, 그 사람이 팔자.

(3) 가능하다면 경쟁 상대보다 더 많은 품목을 갖추고 인적 서비스도 잘하자.

(4) 되도록 좋은 분위기에서 싸게 팔 수 있게끔 힘쓰자.

(5) 종업원이 신바람나게 일할 수 있는 시스템을 만들자.

(6) 거래처가 안심하고 기쁜 마음으로 대해 줄 수 있도록 노력하자.

그야말로 지극히 상식적인 사항이다.

그러나 현재 상황을 살펴 보면 완전히 원점을 벗어나 있는 것을 새삼스레 깨닫는 것이 보통이다. 특히 기업이 커지면 커질수록 완벽하리 만큼 벗어나 있어 여간해서는 원점으로 되돌아가기가 어렵다.

그런데 재작년부터, 경쟁 격화·소비의 저조·업적 악화에 따라 지금 소매업계에서는 이것이야말로 기사회생(起死回生)의 수법이다고 일컬어지고 있는 노하우가 있다. 이것이 곧 지금부터 말하려는 정공법 상법과 초전문가 상법인데 둘 다 완전히 소매업의 원점으로 되돌아 간 노하우이다. 그 의미를 인식하고 읽으시기 바란다.

정공법 상법이란?

정공법(正攻法) 장사 방법이란 경쟁시장 속에서 경쟁자와 비교하여 으뜸으로 강한 상품(이것을 주력상품이라 한다), 웬만큼 강한 상품(이것을 준주력(準主力)상품이라 한다), 강하지는 않지만 취급하는 편이 전체를 위해 플러스가 되는 상품(이것을 기타 상품이라 한다)으로 취급 상품을 구분하여 저마다 일정한 룰(규격)에 따라 결정, 상업전쟁에 임하는 상법이다.

일반적으로 이들 '주력·준주력·기타 상품'의 결정은 시장조사에 의거해서 하는 것이 올바른 방법이다. 한 마켓에 있는 전상품의 상품력 조사를 한 후 정하는 것이다.

왜냐하면 자유경쟁하에 있는 소매업에서는 한 마켓을 조사함으로써 그 시장에서 잘 팔리는 상품과 팔리지 않는 상품을 알 수 있기 때문이다. 잘 팔리는 상품은 매장이 넓고 상품 재고량도 많다. 당연하게도 팔리지 않게 되면 매장도 좁아지고 재고량도 줄어든다.

그리고, 이런 시장조사를 한 다음에 자기 점포의 힘(인재·구매력·매장 면적·입지 등)을 고려하여 무엇을 '주력'으로 삼고 무엇을 '준주력'으로 하며 무엇을 '기타'로 할 것인지 결정하는 것이다. 이 결정에는 '1 대 3 대 16'이라는 공식(룰)이 흔히 사용되는데 이것은 '주력 상품 1품목에 대해 준주력 상품은 3품목, 기타 상품은 16품목이라는 것이 최소한 소매업에서의 주력·준주력·기타 등 품목 비율이다'는 경험 원칙인 것이다.

알기 쉽게 말하면 '20품목의 상품을 취급할 경우, 최소한 1품목 이상의 주력 상품, 3품목 이상의 준주력 상품이 필요하다'는 것을 이 룰은 나타내고 있다.

〈표 19〉 X상가 시장조사의 결과. 조사 항목은 신사복
(상품력 조사)

점포명	양(재고량)	수(아이템)수	폭(가격폭)
A	100점	50아이템	$1만엔 \dfrac{4만엔}{30점-15i} 10만엔$
B	60점	60아이템	$2만엔 \dfrac{6만엔}{20점-20i} 20만엔$
C	30점	3아이템	$3만엔 \dfrac{4만엔}{10점-1i} 5만엔$

(주) : 폭 부분의 의미

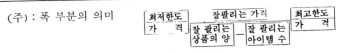

신사복을 이 시장에서
〈주력 상품〉으로 할 때,
최소한 갖추어야 할 품목

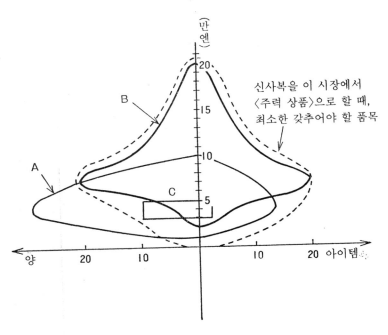

구체적으로 설명하겠다.

우리 회사에서는 상품 구성의 결정을 위한 시장조사를 자주한다. 그때 우리는 마켓 내 주요 상품의 전품목을 먼저 리스트로 작성하고, 각 점포가 가지고 있는 각 품목마다의 '양(재고 수량), 수(품목수), 폭(가격폭)'을 조사하여 하나의 공급곡선을 그려본다. 예를 들면 X상가에 신사복점이 A, B, C의 3점포가 있다하자. 그리고 이 3점포의 시장조사 결과를 다소 패턴화 하니 표19처럼 되었다 치자. 이것을 도시(圖示)한 다음, 만약에 이 구역에서 신사복을 '주력 상품'으로 하자고 정했다면 적어도 아이템 가지수로는 완전히 A·B·C 3점포를 공급 곡선상에서 둘러싸버리도록 품목을 갖추는 것이다(그림의 점선처럼). 그리고 신사복을 '준주력 상품'으로 할 때는 폭을 제일 넓게 잡고 잘 팔리는 상품의 부분에서 아이템수가 경합점 중 일등이 되도록 상품력(양·수·폭)을 설정한다.

이 예만으로도 상품 구성의 수법은 이해하리라 생각한다. 이 방법은 경험과 육감을 배제하고 실지 조사에 의해 자기 점포의 힘과 시장을 감안하여 상품 구성과 상품 전략을 정하는 데 특색이 있다. 그래서 정공법이라고 일컬어지는 것이다.

이 수법으로 종전에는 매출이 작년 대비 10~15% 감소했던 점포가 한꺼번에 작년대비 15~25% 증가로 전환했다는 것이 최근 1~2년의 통계이다.

이 결과는 이 수법의 우수함을 의미하는 것일 뿐만 아니라, 아직도 대부분의 소매점이 경험과 육감으로 마치 콤파스도 없이 대양을 항해하는 것과도 같은 장사를 하고 있음을 증명하는 것이기도 하다.

캄캄한 밤에 육감으로 적이 있을 법한 쪽을 향해 맹목적으로 총을 쏘고 있는 사람과 적외선 렌즈 같은 밤눈이 밝아지는 안경

을 끼고 적을 확인하고서 조준사격하는 사람과의 명중률의 차이
라고도 할 수 있다.

초전문화(超專門化) 상법이란?

정공법의 장사 방법이 옳다는 것은 더 말할 것도 없다. 그러나
정공법 상법을 실행하자면 매장 면적이 넓어야 하고 상품 구매처
도 많아야 한다. 이른바 주력 상품에서의 '포위'와 준주력 상품에
서의 '준포위'를 할 수 있는 힘이 필요하다. 사람도 더 필요하고
돈도 더 필요하며 가게(매장)도 더 필요한 경우가 많은 것이다.

알기 쉽게 말하면 정공법 상법은 '뒤쫓기 상법'이다. 동업자가
성공한 아이템을 자본과 인재에 힘입어 뒤쫓아 가는 것이 정공법
상법이라 할 수 있다.

그런데, 인재도 그렇게 없다, 매장도 좁다, 그렇지만 결승점을
향해 더 빨리 뛰고 싶다……이런 사람들에게는, 정공법 상법을
실행할 수 있는 여건이 갖추어질 때까지 기다릴 여유가 없다.
그러면 이런 사람들(점포)이 취할 수 있는 상법은 없는가? 있
다, 이른바 '선취적(先取的) 상법'이다. 그리고 이 선취적 상법의
하나가 지금부터 설명할 '초전문가(超專門家) 상법'이다.

예를 들면 나는 보통의 경우, 아무리 큰 백화점이라도 점포
안을 에스컬레이터로 아래에서 위까지 오르내리는 것 만으로
거의 오차 없이 매출이라든가 매출이익율 그리고 이익까지 알
수 있다.

우리 사원들에게도 이처럼 점포를 훑어보는 것만으로 경영
내용을 알 수 있도록 훈련시키고 있다. 수치를 물어봐야 알겠다
거나 장부를 안 보여 주면 모르겠다 등……이래 가지고는 프로로
서 체면이 서지 않는다.

나는 관계하고 있는 회사를 방문하여 그 분위기를 통해 그 회사의 업적을 모를 정도라면 경영 컨설턴트의 구실을 할 수 없다고 보고 있다. 또 이같은 역할을 할 수 있도록 사원들에게 강요하고 있다. 모름지기 프로란 이래야 하는 것이다.

말하자면 의식적으로 수많은 점포를 관찰하고 그때마다 수치를 머리속에 박아두면 점포를 보는 것만으로도 업적을 알 수 있게 된다. 그리고도 거의 어긋나지 않게 된다. 이렇게 되는 것을 점포의 경영에 대한 초전문가가 되는 것이라고 나는 말하고 있다.

눈으로 본 어림짐작이 때때로 어긋나는 동안은 단순한 전문가에 불과한 것이다. 지금은 때때로 착오를 일으키는 정도의 전문가로는 돈을 벌기가 어려운 것이다. 눈대중이 99% 맞아떨어지게 되어야 비로소 초전문가라 할 수 있다.

초전문가 상법이란 취급 상품에 대하여 초전문가가 되는 것을 말한다. 매장이 좁고 인재가 모자라고 자금이 부족해도 초전문가는 매장을 온통 팔리는 상품으로 메워 준다. 상품은 잘 나가고 돈은 잘 들어오며, 회전도 빠르고 이윤도 좋으므로 이것이야말로 선취적(先取的)인 상법으로서는 최선이라 할 수 있다.

일반적으로 이 초전문가 만들기의 방법에는 훈련밖에 없다. 훈련=트레이닝의 의미는 습관적으로 익히는 것이다. 익혀서 몸에 붙게 할 뿐만 아니라, 육감으로 느낄 수 있도록 머리에 익히는 수 밖에 달리 수법이 없다.

내가 개발한 잘 팔리는 상품에 대한 초전문가 만들기의 수법에 의하면, 아무리 초보자라도 소질만 있으면 대체로 6개월사이에 한가지 품목(예컨대, 블라우스라든가 스웨터, 혹은 생선이라든가 육류 등의 품목)에 대한 초전문가가 될 수 있다. 다만, 이 상법의 결점은 한번 초전문가가 될 수는 있으나 조금만 훈련을 게을리

하면 감도가 떨어지므로 끊임없이 훈련을 계속하고 있어야 된다
는 점이다.

일례를 들면, 수년 전 나는 의류품업계의 현황(現況)에 대해서
는 초전문가였다. 그런데 최근에는 상황을 잘 알 수가 없다. 그것
은 의류품 도매상이나 소매점, 그리고 산지를 끊임없이 관찰할
수 있는 틈이 현재는 없으므로 돌아다니지 않기 때문이다.

이렇게 생각할 때, 이런 선취적(先取的) 상법은 지속적인 피나
는 노력이 그 성공의 배경에 필요함을 알 수 있다.

달리 말하면 '머리는 좋다, 능력은 있다. 그러나 돈이 없다는
사람'이 돈을 만들기 위해 발바닥에 불이 나게 뛰는 것이 선취적
상법＝초전문가 상법이고, 만일 돈이 벌이면 사람도 더 쓰고
점포를 넓혀 뒤쫓기 상법＝정공법 상법으로 전환하는 것이 기업
경영 자체의 발전을 위해 바람직한 것이다.

선취적(先取的) 상법을 전문점 상법으로, 뒤쫓기 상법을 총합
점 상법이라고 볼 때, 내가 총합점 상법을 추천하는 의미는 여기
에도 있는 것이다.

아뭏든, 원점지향이 필요해진 결과에 따라 나타나는 규격화된
'정공법 상법'과 '초전문가 상법'이 지금 새로운 경영 노하우로서
각광을 받고 있다. 이것을 시대적인 흐름이란 점에서도 반드시
파악하기 바란다. 유통업계 특히 소매업계의 경영환경은 점점
혹독해지고 있는 것이다.

3. 하이 이미지가 첨가된 대중상법

한큐 백화점의 장사 방법을 배워라

라이프 사이클적 발상에서 말했듯이 앞으로 소매점에서 유념해야 될 경영전략의 기본은 '하이 이미지가 첨가된 대중상법'을 얼마나 잘 자기 점포에서 활용할 수 있느냐에 있다(표18 참조). 말하자면, 이것이야말로 시류 적응을 위한 상법인 것이다.

이 상법을 지금 제일 잘 실천하고 있는 것이 한큐계(阪急系)의 회사들이다. 그 주력회사인 한큐백화점은 대형 소매업 중에서도 초우량 회사로 유명하다. 1978년 3월 분기(分期)의 결산수치는 아직 발표되지 않았으나, 매출 2,200억 엔, 경상이익 123억 엔, 세금공제후 이익도 65억 엔쯤 되리라고 추정된다.

이 한큐백화점의 상법은, ① 고급 이미지의 부각과 ② 정공법=둘러싸기= 대중상법의 두가지 수법에 특성이 있다. 한큐상법=고바야시 이치미(小林一三)식 장사방법이라면, 그 자체가 ① 고급 이미지 ② 합리적 인색함 ③ 밸런스의 중시 ④ 지역밀착(현장주의) ⑤ 대중 우선의 다섯 포인트로 이루어지고 있다고 볼 수 있는데, 이것이 소매상법으로서 집약되면 '하이 이미지를 부각시킨 대중상법'이 되지 않을 수가 없다.

나는 다카라즈카시에 살고 있다. 물론 한큐 전철의 연선(沿線)이므로 한큐백화점에 대해서는 고객으로서도 비교적 잘 알 수 있는 입장에 있다. 손님으로서 한큐백화점을 보면 한큐 연선의 어느 소매점보다도 상품을 고루 갖추고 있다. 양판점보다도 양판 상품이 풍부하고 전문점보다도 고급품·전문품이 다양하게 구비되어 있다. 식품의 품목수에 있어서 아마 일본 최고일 것이다.

또 한큐백화점에서의 쇼핑은 손님의 엘리트 의식을 만족시켜 준다. 런던의 본드 스트리트에 있는 초고급점 아스프레이사(社)의 특약 코너인 아스프레이 코너와 같은 초고급 코너도 있고 톱 브랜드 상품도 거의 다 갖추고 있다. 그리고 손님을 가장 기쁘게 해주는 것은 프로 야구의 한큐 브레이브즈 팀이 우승했을 때 단행되는 파격적인 바겐 세일을 비롯한 갖가지 판매 방법 등, 모든 찬스를 포착하여 신나게 전개되는 것이다. 물론 상품은 최고품이면서도 싸다.

한큐백화점 본점이 매출고에서 일본제일의 소매점일 수 있는 것은, 이렇게 손님을 기쁘게 해주는 요소가 많기 때문일 것이다.

칭찬이 좀 지나친 것 같은데, 어쨌거나 한큐백화점의 상법에서 구체적인 특성은, ① 점포 구성·선전·상품 전략 등의 방법에서 초고급 이미지를 손님에게 기가 막히게 잘 침투시키고 있다. ② 그러면서도 실제의 장사는 대중 상대의 볼륨 존(Volume Zone)에서 끝장을 내고 있다는 점이다.

다른 백화점처럼 양판점 존(Zone)이나 양판점 아이템을 피하지 않는다. '양판점 상품 쪽이 백화점 상품보다 전체적으로는 많이 팔리고 있다. 그렇다면 대중 상법인 이상, 양판점 상품을 많이 팔아야 한다. 그러나 그러기 위해서는 시대의 흐름으로 보더라도 고급 이미지를 풍겨야만 한다'는 것이 도시 백화점, 지방 백화점을 막론하고 지금은 백화점 상법의 승부수가 되고 있다.

하이 이미지는 고급화가 아니다

이런 사고방식과 이에 따라 확립된 경영 노하우는 비단 백화점 뿐만 아니라 다른 업태의 점포에 대해서도 그 업적을 크게 비약 시킨다.

반대로 전문점이나 중형점에서는 최근, 주변에 대형점이 생겼 다라는 이유로 점포를 개수하여 깨끗이 한다거나 아이템을 축소 시켜 고급화 하는 등의 대책을 강구하는 곳이 많다. 그런데 지금 이들 점포의 업적은 거의 다 이전보다도 오히려 악화되었다. 왜냐하면 이유는 간단하다. 가게를 깨끗이 한다고 하이 이미지가 하루 아침에 정착되는 것은 아니기 때문이다. 하이 이미지를 정착시키는 데는 끈기있는 PR과 '진짜배기'가 필요한 것이다. 따라서 가게를 깨끗이 개장하는 정도로는 미들(중간) 이미지밖 에 손님에게 못 준다. 더구나 이들 점포의 상품들은 대중화 한 것이 아니라 고급화, 전문화 한 것이다. 손님이 떨어지는 것은 당연한 일이다.

거듭 말하거니와 현재는 '하이 이미지가 부가된 고급화'가 아니라 '하이 이미지가 부가된 대중화'의 시대인 것이다.

대중화란 집객 요소가 없으면 불가능하다. 이에 대한 설명은 필요할 것이다. 집객 요소 그것은 교통망과 관계될수도 있고 식품의 상품력일 수도 있으며 대형점 그 자체일 수도 있다.

점포 연출을 할 때나 판매 전략을 짤 때 나아가서 경영 전체를 생각할 때, 어떻게 해서 하이 이미지를 침투시킬 것인가 또 어떻 게 해서 집객력을 덧붙일 것인가를 항상 사고의 제 1순위에 두는 것이 새로운 소매업 경영의 포인트이고, 소매업 경영 노하우의 포이트라고 할 수 있다. 그러므로 따지고 보면 새로운 경영 노하우, 그 포인트라 해 봐야 지극히 상식적인 것이다.

그러나 그것은 시류와 함께 있는 상식이고 원점으로서의 상식
이며, 방심했다가는 '유통혁명' 모양으로 달아나버리는 상식이
될 수도 있다. 항상 명심하고 보다 거시적인 관점에서 노력을
게을리 말아야 할 것 같다.

제 **4** 부
유통업계의 미래

제 1 부와 제 2 부, 그리고 제 3 부까지에서는 이른바 '유통혁명'이 일본에서 일어나지 않았고 앞으로도 일어나지 않으리라는 것과 그 결과 소매업계가 유통업계의 중심세력이 되리라는 것을 설명했다. 또 소매업계의 큰 문제점과 소매업 경영의 노하우에 대해서도 그 포인트를 말했다.

이 제 4 부에서는 주로 구미 선진국들과 비교를 하고저 한다.

왜냐하면, 유통혁명론 자체가 미국과의 비교에서 설명되었다고 해도 과언이 아닐 것 같고 지금 세계적으로 볼 때, 일본에서 거론된 유통혁명론은 현실로서 진행되고 있는 나라가 본고장인 미국보다도 서독이나 영국이라고 생각되기 때문이다. 그 상세한 이유는 지면 관계로 이 책에서는 자세히 말할 수 없으나, 미래 고찰을 위해 기본적인 비교와 기본적인 이유는 설명하려고 한다. 또 이와 아울러서 유통업계 전체에 대한 미래적인 고찰도 해볼 생각이다.

제 1 장 구미와는 다른 길을 간다

제 1 부에서도 말했거니와 일본에 '유통혁명'이라는 말을 가져온 사람은 도쿄대학 교수인 하야시 슈지(林周二) 씨이다.

1950년대 후반, 중화학 공업부문에서 대량생산 체제가 근대화라는 명목아래 완성단계에 가까워지고 있었을 때 소비재의 대량생산 체제에도 산업계로서는 확고한 자신감을 갖기 시작하고 있었다.

그때, 이러한 사고방식으로 유통업계를 보면 당연히 '생산면은 근대화가 되지만 유통면은 어렵다', '경제의 암흑대륙이다'라고 비관적이 되지 않을 수 없었던 것이다.

일본인에게 가장 잘 이름이 알려져 있는 미국의 경영학자 P. F. 드러커가, 일본이 표본으로 삼고 있는 미국의 유통업계를 평하여 '유통은 경제의 암흑대륙' (포춘지(誌), 1962년 4월호)이라고 했을 정도이므로, 공업적인 근대화 발상과 유통업의 실태가 얼마나 상반되는 것이었는지 알 수 있다.

마침 그럴 때, 1962년에 주목을 받은 책이 두 권 발간되었다. 한 권은 하야시 슈지씨의 《유통혁명》이고 또 한권은 다지마 요시히로(田島義博) 씨의 《일본의 유통혁명》이다.

하야시·다지마 양씨의 논리는, 미국이라는 유통 선진국(?)에서 이룩되던 유통 시스템에 대한 사고방식과 실태를 일본의 유통업계를 위해 소개하고 경고한 것이라고 생각한다면 이것은 매우 효과가 있었다고 해야 할 것이다.

또 유통 근대화에 대한 굳건한 비전을 내걸어 당시의 일본 유통업계가 당면하고 있었던 기본문제에 대해 명확한 해결책을 제시했으므로 이것만으로도 양씨의 업적은 높이 평가되어 마땅하다. 특히 하야시씨의 경우, 그 주장의 개별적인 내용이 너무 대담해 쇼크가 컸었으나 한편으로 일본 유통업계의 실태가 하야시씨의 주장과는 거의 상반되는 방향으로 진전되었는데, 이것은 계몽서나 예고서라는 성격상 어쩔 수 없는 일이었다고 보아야 할 것이다.

이 하야시·다지마 양씨의 논리를 일본의 현실에 합치시켜 가면서 보다 발전시킨 것이 사토 하지메씨이다. 사토씨의 대표적인 저서 《유통산업혁명》(1971)과 《일본의 유통기구》(1974) 두 권을 〈유통혁명론〉의 보완론(補完論)으로 볼 때는 아주 훌륭한 내용의 저서라고 할 수 있다.

《유통산업혁명》에서 사토씨는 세계의 소매업 역사를 개관(概觀)하면서 그중에서 특히 유통혁명론의 모델이 된 미국 소매업의 발전 과정을 새로운 혁신적인 상법의 발명자들 업적 평가를 섞어가며 설명하고 있다. 그리고 대량판매=상품을 보다 값싸게 제공하는 방법의 추구와 소매업의 규모 확대=체인 스토어 이론의 추구가 미국에서 유통 근대화의 두 기둥인데 일본에도 그 도입이 일본식으로 바꾸어서라도 필요하다고 그는 보고 있는 듯 하다.

한편, 《일본의 유통기구》에서는 현재 일본에 있는 세 갈래의 유통 시스템, 곧 메이커 주도형과 소매업 주도형 그리고 종래의 전통적 복잡 다단계적(多段階的)인 것 가운데 소매업 주도형이 메이커 주도형을 밀쳐내고 독자적인 시스템을 만들 때 그리고 그것을 확대해 나갈 때, 거기에 '유통혁명'이 실현되리라고 보고 있다.

사토씨의 논리가 이 책에서 볼때는 하야시·다지마 양씨의 논리에 대한 비판같기도 하지만 보다 현실적으로 '유통혁명' 달성을 위해 접근하는 방법을 보완한 것이라고도 생각되므로 그런 뜻에서는 획기적인 저서라 할 수 있겠다. 사토씨는 세이부 (西武) 유통 그룹의 핵심에 자리하고 있었던 사람인만큼 1975 년 봄에 고인이 된 것은 일본의 유통업계로 봐서도 애석하기 그지없는 일이다.

이와 같이 유통혁명론이 처음에는 미국을 표본으로 하여 일본에 도입되었다. 그리고 현재, 그 실태가 미국과 마찬가지로 가장 유통혁명적이라는 것 때문에 서독이 일본 유통업계의 관심을 끌고 있다. 그래서 이 제4장에서는 특히 서독 및 미국과 일본의 유통업을 비교 고찰하여 일본에서 전개되는 유통업의 장래에 대해 생각해 보겠다.

1. 구미 선진국의 유통인구 감소 경향

구미에서는 줄어들고 일본에서는 증가한다

1967년경부터 구미 선진국에서는 대체로 유통업 종사자 수와 점포 수가 감소화 경향을 보이기 시작했다. 이 경향은 1973년의 석유 파동 후 미국에서는 한때 증가세로 돌았으나 유럽에서는

〈표 20〉 일본, 미국, 서독의 유통업 인구

		일본 ('77년)	미국 ('76년)	서독 ('77년)
인구 1,000명 중 취업자수	도매업	30명	20명	8명
	소매업	56명	46명	30명
연 평균증가율 (과거 3년전부터, 금후 5년후까지)		+3.5%	+0.5%	△1.5%
전 인 구		약11,400만명	21,500만명	6,150만명
노 동 인 구		5,340만명	8,750만명	2,120만명
노 동 인 구 율		47.4%	40.7%	34.4%
유통인구율 / 전인구		0.86%	0.66%	0.38%
유통인구율 / 노동인구		1.81%	1.62%	1.11%

여전히 계속 감소하고 있다.

표20은 최신의 통계 수치를 내가 패턴화 한 것이다.

또 표21은 스미토모(住友)은행 조사 제1부장 니시무라 이사오 (西村功)씨가 작성한 '제3차 산업의 업태별 취업구조'이다.

이 2가지 표를 보면 일본의 유통업 취업자수는 인구 비율로 볼때, 서독의 2배에 이르고 있다. 그런데도 매년 증가한다. 인구 비율 취업자 수가 일본과 서독의 중간인 미국은 대체로 제자리 걸음이다. 그리고 인구 비율 취업자 수가 적은 서독은 감소하고 있다. 상식과는 정반대의 현상이다.

일본에서 유통인구가 줄어들고 서독에서는 증가해야 정상이 되겠는데 현실은 엉뚱하게도 정반대인 것이다.

일본과 서독의 매스화(化) 지향은 다르다

이같은 이유를 해명하기 위해 나는 6월에 서독으로 가서 약

〈표 21〉 일본과 미국의 제3차 산업의 업태별 취업구조

	취업자(만명)		취업자 구성비 (%)		인구 1,000명당 취업자(명)		
	일본 77년	미국 76년	일본 77년	미국 76년	일본 77년	미국 73년	76년
생산관련 서비스	956	1,670	17.7	19.1	84	76	78
도매업	344	432	6.4	4.9	30	20	20
대(對)사업소 서비스	171	358	3.2	4.1	15	15	17
금융·보험 등	187	437	3.5	5.0	16	19	20
운수·통신	236	369	4.4	4.2	21	18	17
전기·가스 등	18	74	0.3	0.8	2	3	3
소비관련 서비스	1,096	1,819	20.3	20.8	96	82	85
소매업	634	996	11.7	11.4	56	45	46
대(對) 개인서비스 (레저 제외)	138	294	2.6	3.4	12	15	14
음식점	211	340	3.9	3.8	19	13	16
레저 서비스	113	189	2.1	2.2	10	8	9
공공 서비스	811	2,167	15.0	24.8	71	94	101
공무원	403	810	7.5	9.3	35	36	38
복지관련 서비스	408	1,357	7.6	15.5	36	58	63
제3차 산업합계	2,863	5,656	53.0	64.6	251	252	263
전취업자	5,399	8,749	100.0	100.0	473	365	407
인구	11,405	21,514	—	—	—	—	—

주석 : 국영철도·전전공사 등의 직원은 공무원에 포함시켰다(단, 교직
　　　원은 복지관련 서비스)
자료 : 스미토모 은행 조사제1부장
　　　기무라 이사오씨가 작성한 표에 의한다.

10일간 머물렀다.

　　현지에서는 친구인 독일 마루베니(丸紅)의 바바 히로이치
(馬場博一) 사장을 비롯하여 일본대사관의 미조구치 젠베에
(溝口善兵衛) 서기관, 역시 친구이고 유럽의 경영에 대해서는
지금 가장 체계적으로 파악하고 있는 일본사람의 한 사람인

INSEAD (프랑스의 퐁텐블로에 있는 유럽 경영대학원, 미국의 하버드에 필적하는 유럽의 경영의 전당(殿堂), 정식 명칭은 INSTITUT EUROPEAN D'ADMINISTRATION AFFAIRS)의 요시모리 겐(吉森賢) 교수, 서독 최고의 유통 전문지(專門誌) 《레벤스미텔 차이퉁》(LEBENSMITTEL ZEITUNG)의 편집장 베른트 리트케(Bernd Litke)씨, 그리고 서독에서 유통 컨설턴트 겸 유통학자로서 활약하고 있는 만프레트 페를리츠(Manfred Perlitz) 박사(그의 본업은 UNIVERSITATSSEMINAR DER WIRTSCHAFT 의 교수) 등, 이 방면의 엑스퍼트에게 여러 가지 이야기를 듣고 이 문제를 다각적으로 검토했다.

물론, 지금 서독에서 제일 발전하고 있는 소매업태인 소비자 시장(하이퍼마켓, 독일어로는 VERBRAUCHERMARKT라 하는데 번역하면 소비자 시장이 된다)이라든가, 미니 디스카운트 슈퍼(매장면적 300㎡ 정도. 상품을 잘 팔리는 것으로만 극단적으로 제한시킨 셀프 판매의 디스카운터. 독일어로는 DISCOUNTMARKT 라 한다)도 충분히 연구했다. 이쯤에서 일본과 서독에 대한 결론을 서둘자.

독일을 위시하여 유럽의 여러 나라에서는, 제2차 산업에 있어서 비가격(非價格)경쟁에 강한 상품 만들기 지향=앤티 매스(Anti Mass)적인 상품 만들기 발상이 강하다. 어느 쪽이냐 하면 초(超) 카르텔 사회 지향, 비경쟁 지향이 강하므로 일본이나 미국에서와 같은 '대량생산 최선의 사상'이 거기에는 거의 없다.

그렇다고 경기가 좋은 것은 아니다. 합리화, 생력화(省力化)의 노력도 해야 하고 새로운 취업인구를 위한 일자리도 마련해야 한다. 그런데 유럽인은 일본인과 달라서 아주 계획적인 인종이다. 또 '일하는 것은 선(善)이다'라는 프로테스탄트적 발상을

하는 독일인까지도 일본인처럼 '일하지 않는 자 먹지 말지어다'
라는 따위의 유교적 발상은 결코 하지 않는다. 산업 합리화도
하고 새로운 일자리도 마련하고 하되 그 때문에 기존질서에 충격
이 미치는 일이 없도록 차근차근히 하는 것이다.

　사회보장 제도가 잘 되어 있어서 전 인구 중에서 취업자 인구
비율이 일본보다 훨씬 적은데(표20 참조), 그래도 새로운 산업인
유통업계에서 미국적=유통혁명적 합리화를 위해 노력하고 있고
그런대도 진전을 보이고 있는 것은 이러한 사정에 연유하는 것이
다.

　현상(現象)에서 보면, 일본에서 공업은 매스화 지향, 상업은
앤티 매스화 지향, 그리고 독일에서는 공업은 앤티 매스화 지향
이고 상업은 매스화 지향중에 있다.

　이런 점에 대해서는, 저마다의 풍토·역사·경제 환경·국민
성 등과 함께 파악해야 할 일이지, 단순히 수치나 시스템을 비교
하는 것만으로는 시시비비를 가릴 문제가 아니라는 것이 내 결론
이다.

미국도 100% 표본이 아니다

　다음으로 일본 유통업계가 유통혁신의 표본으로 삼아 온 미국
으로 눈을 돌려보자. 미국의 유통업계에 관해서는 방대한 자료가
나에게 있다. 또 과거 수십 번이나 미국을 방문하고 내 힘이 자라
는 데까지 공부도 해 왔다.

　내가 말할 수 있는 것은, 미국의 소매업계와 일본의 소매업계
가 매우 닮은 데가 많지만, 전혀 닮지 않는 데도 많다는 사실이
다.

　많이 닮은 것은,

〈표 22〉 일본 · 미국 · 서독의 유통 우회율(1976년)

	일 본	미 국	서 독
	조엔	백만 달러	억 마르크
도 매 업 판 매 액	222,635	439,000	5,000
소 매 업 판 매 액	59,988	584,423	2,591
유 통 우 회 율	3,98	0,75	1.93

주석 : 교통우회율＝도매업 판매액 / 소매업 판매액
자료 : 일본－통상성〈상업통계〉에서,
　　　미국－〈Survey of Current Business〉에서,
　　　서독－〈Ifo-schnelldienst〉22, Juli 1977에서

〈표 23〉 일본과 미국의 소매업

	일본 대 미국
조 수 익 률	1 : 2
회 전	2 : 1
자 기 자 본 비 율	1 : 3
생 각 률	2 : 1
금 리 률	3 : 1
토 지 건 물 비	3 : 1
단 위 면 적 당 매 출	1.2 : 1

주석 : 이 표는 패턴화 한 것이다.

(1) 경쟁이 심하며, 경영자가 전투적이다.

(2) 혁신적이므로 모든 새로운 것에 달려들 의욕이 있다.

(3) 총합화, 소상권화(小商圈化), 지역화(地域化)가 진전되고 있다.

(4) 올 마이 존(all my zone) 전략이 주효하기 시작했다.

(5) 상업집단을 떠난 독립점포는 존재할 수 없게 되어 가고 있다.

등이고, 닮지 않은 것은,

(1) 유통형태가 완전히 다르다(표22 참조).

(2) 소매업의 경영 구조가 다르다(표23 참조).

(3) 일본에서는 최상품에서 하품까지 취급하는 것이 바람직스
럽지만, 미국에서는 그레이드(등급)를 좁히는 편이 낫다.

(4) 일본적인 경영은 성선설형(性善說型)이지만, 미국식은
관리지향의 성악설형(性惡說型)이 많다.

등이다.

그런데, 지금 나에게는 최근에 발표된 미국 소매업에 관한
3편의 논문이 있다.

하나는 포튠지의 1978년 5월호에 실린 논문(How Sears Ret-
ailing Strategy Backfired)으로 동 잡지의 논설주간 윈덤 로버트슨
씨의 글이다.

'시어즈 소매전략의 실패'라는 논제 아래 로버트슨씨는 다음과
같이 말하고 있다.

——1977년 시어즈 · 로벅(Sears, Roebuck & Co.)의 결산서를
보면, 얼핏 보기에는 매출이나 이익이 신장하고 있는 것 같지
만, 자세히 검토해 보면 77년은 시어즈의 소매 부분이 완전히
실패였음을 알 수 있다. 소매 부문의 매출은 15% 신장했으나
이익은 13% 감소한 것이다. 이를 지탱한 것은 시어즈의 손해보
험 부문을 담당하고 있는 자회사 '올 스테이트 오프 컴퍼니즈'
이다. 이 손해보험 부문은 과거 10년간 시어즈의 총이익금 중에
서 25%의 기여율(寄與率)을 보여 왔으나 77년에는 보험업계의
활황(活況)으로 시어즈의 총이익금 중의 50%를 커버했다. 이에
따라 소매 부문의 적자(赤字)를 상쇄하고서도 시어즈 전체는
전년대비 20%의 이익 증가를 이룩했다.

이렇게 지적하고 소매 부문에서 세계 제일의 유통업자가 실패
한 원인은, 1967년의 고급화 노선 전략이 실패했다는 것과, 수년

간 여러 가지 시행착오가 거듭되었으며, 작년도에는 '싸게 팔기' 작전으로 성과를 기대했으나 오히려 결과는 완전히 반대로 나왔다고 상세하게 해설하고 있다.

점포 수 862, 연간 매출고 172억 2,400만 달러, 이익금 8억 3,800만 달러라는 세계 제1의 거대 소매업도 이처럼 경영이 어려운 것이 현재의 소매업계인 것이다.

또 한편의 논문은, 미국에서 최근 가장 주목되고 있는 소매기업 디스카운터인 K·마트에 관한 것인데, 글 쓴 이는 일본에서 디스카운터로 유명한 푸치로도의 후지노 마사테루(藤野昌輝) 사장이다. 후지노씨는 갖가지 자료로 K마트를 분석하고 일본의 디스카운터와의 차이점을 지적한 다음, '참고하는 것은 좋겠지만 흉내내는 것은 위험하다'고 경고하면서 거시적으로 미국 유통업을 인식해야 한다고 결론 맺고 있다.

세번째 논문은, 내 친구이며, 여러 해에 걸쳐 '체인 스토어 에이지'의 편집장을 맡아 온 니시무라 데쓰(西村哲)씨의 글이다. 작년말 '도요 경제(東洋經濟)'의 유통 특집호에 실린 '미국 소매업은 사상 최대의 전환기로'가 그것인데, 니시무라씨는 그 논거로서 ① 개점할 만한 입지가 없어져 카우보이 시대의 종언을 맞고 있다. ② 따라서 앞으로는 그로즈 매니지먼트(Growth Management ; 성장 관리)만으로는 기업 존속이 어려워지므로 애세트 매니지먼트(Asset Management ; 자산 관리)도 중요시 해야 될 것이다. ……등등의 상황을 지적하고 결국은 경쟁에 이기면서 수익성을 올려야 할 어려운 시대에 접어들기 때문에 업태 분화(分化)의 불확실성(不確實性)까지도 고려된다고 맺고 있다.

미국을 알고 있는 내 경험과 지식으로 미루어 보거나, 또 이들 논문을 읽어보더라도 미국의 유통업계 현상을 덮어놓고 옳다고

만 보고 그 뒤를 따르는 것은 최선이 될 수 없고, 식자(識者)라면 여기에 의문을 갖지 않을 수 없다 하겠다.

2. 풍토적인 고찰이 중요하다

위험한 일방적 현상 판단

내가 이번에 독일을 비롯하여 유럽의 여러 나라를 둘러본 것은 '유통업은 실업의 버퍼(완충장치)가 되어 있고 앞으로도 되어야만 할 것이다'라는 이 책에서 전개한 생각이 어쩌면 국제적으로는 통용되지 않는 생각일지도 모르겠다는 스스로의 의문에 대한 해답을 얻으려고 했기 때문이다.

일본은 유통업계가 복잡하므로 그 때문에 엔고(円高)가 되어도 수입 소비재의 값이 내려가지 않는다. 결국, 일본은 유통업을 실업의 버퍼(Buffer)로서 생각함으로써 간접적인 외화(外貨)배척을 하고 있는 것이 아니냐는 말을 나는 해외의 친구나 국내의 유식자들로부터 많이 들어왔다.

그러나 나는 이번에 내 생각에 대해 자신감을 얻고 귀국했다.

유통업계 가운데서 가장 유통기구가 복잡하고 더구나 경쟁이 심하며 여기에 신규 노동자의 유입이 지금도 그치지 않는 것이 의류품의 도매적인 소매 업계이다. 그래서 유럽의 선진국에 있어서 실용적인 의류품의 가격을 신중히 비교해 보았는데, 내 느낌으로 볼때, 일본은 영국과 비슷비슷하고 독일과 프랑스 그리고 북유럽의 여러 나라는 70~80%쯤 되며, 미국에 비해서도 약간 싼 편이었다.

물가는 수급 밸런스에 의해 결정되고 그것은 유통경로에 따라

정해진다는 내 논지(論旨)는 여러 외국과의 비교에서도 대체로 실증되었다고 생각된다. 또 외국의 지식인들에게 일본의 산업구조, 인구 구조, 일본인의 국민성과 사상 등을 설명했더니 그 대부분은 유통업계의 노동인구 팽창의 실태와 그 이유, 또 그 결과를 충분히 납득해 주었다.

일본이 지금, 서독이나 미국과 함께 사상 최고의 번영을 구가하고 있는 것은 세계를 돌아보면 누구든지 알 수 있다. 그런데 이 서방측 선진 3국 사이에는 유통업 인구만 보더라도 표20과 같은 큰 차가 벌어지는 것이다.

물론 국제화 시대이긴 하지만 각국의 특성은 서로 서로 인정해야만 한다. 그 특성이란 풍토·역사·경제적 환경·사상·인간성 등이다. 일본의 유통업에 대한 미래고찰에 관해 제1부~제3부에서 말해 왔듯이 일본의 실정에 맞는 고찰만이 앞으로를 점치는 관건이 될 것이다. 금후, 산업구조의 변혁에 대해서는 신중히 스스로를 검토한 끝에 해답을 내야 할 것이며 선진 외국을 참고로 하더라도 현상만으로 판단할 것이 아니라 그 풍토적 고찰에 의해 그리고 다른 조건과 현상의 인관관계를 충분히 인식한 연후에 참고해야 할 것이다.

제 2 장 시류의 최첨단을 가는 유통업계

전 세계의 여러 나라에서 쇼핑을 할때마다 나는 항상 '역시 일본의 소매업이 최고다'라고 생각한다. 외국에서는 언어가 불편하다는 탓도 있겠으나, 그 조건을 빼더라도 일본의 소매업이 최고 수준임에는 틀림없다. 외국 사람이 일본에서의 생활에 익숙해지면, 쇼핑(소매업)에 대해 '끝내준다'고 칭찬하는 것은 하나의 상식이 되었다. 사실 웬만한 상가에라도 가보면,

① 오만가지 상품이 다 있다.

② 더욱이 한가지 상품마다 이런 타입도 있고 저런 타입도 있으며 참으로 다양하다.

③ 비교적인 구매도 자유롭게 할 수 있다.

④ 가격이 적당하다. 특히 실용품은 싸다(일본에서 비싼 것은 호텔 숙박비, 일부 음식비, 주거비 등이고 일반 자유경쟁리 속에서 소매점에서 팔고 있는 일반 소비재는 결코 비싸지 않다. 쌀이나 육류가 비싼 것은 정치적 조작 탓이다).

⑤ 점원의 서비스가 좋다. 처음 보는 손님에 대해서도 친절하게 대해 준다.

⑥ 품질이 우수하다.

이렇게 열거해 보면, 그 결과나 현상으로 볼때, 일본의 유통업계는 소비자에게 세계에서도 최고의 시스템으로 운용되고 있는

것이 된다. 그리고 지금까지는 대형 유통기업도 대체로 이익을
올리고 있고 남아도는 유통업 취업자들도 꽤 유복하게 생활하고
있다. 뿐만 아니라 소비재 메이커도 모두 그런대로 경영을 해나
가고 있다.

그리고 일본은 신분과 직업의 이동에 있어서도 세계에서 가장
자유로운 나라이며, 노력하는 사람, 재능 있는 사람에게는 유통
업을 통해서도 무궁한 빛나는 미래가 약속되어 있다.

이러한 일은 모두 다 사실이지만, 한걸음 빗겨서서 다른 각도
로 보면 그것은 자연발생적이긴 하지만, 인간이 만들어낸 패러다
이스라고 생각되리 만큼 훌륭하게 시스티매틱(질서정연)하게
운용되고 있다.

이렇게 생각해 보면 일본의 유통업계 현상, 그것을 결코 부정
해야 할 것은 아닌 것 같다. 오히려 현상을 긍정하고 그 현상을
보다 나은 방향으로 유도해 가는 것이 올바른 길인듯 하다.

나는 때때로 '지금의 일본 유통업계야말로 시류의 최첨단을
가고 있지 않나……'하고 생각하는 것이다. 이 책의 마무리에
즈음하여 이러한 나의 발상을 한 두가지 소개할까 한다.

1. 공업도 앤티매스 시대로

매스와 앤티매스의 조화(調和)를

벤츠의 대중차인 벤츠 200(2,000cc) 이하의 신형차는 지금
서독 본국에서도 발주한 뒤 2년은 기다려야 입수할 수 있다.
아무리 주문이 많아도 공장의 설비를 확대하지 않고 한 대 한

대씩 견고한 것을 만들어 나간다는 것이 독일식 사고방식이다.

일본에서는 도요타 자동차가 '센추리'에 대해서 이 벤츠식 제작법을 채용하고 있다. 그 때문인지 한번 '센추리'를 애용한 사람은 반드시 상용자(常用者)가 된다고 한다.

물적 낭비의 제도화, 즉 현재의 대량생산·대량소비의 사회경제 제도는 유한한 자원의 고갈이 날로 심화되고 있는 이때, 인류의 앞날을 위해 조만간에 파기되어야 할 시스템이다. 그리고 거기서는 문화적 낭비의 제도화를 목표로 삼아야 할 것이다. 이렇게 생각하면 일조일석에는 어렵겠지만, 규모의 메릿을 최대한으로 추구하지 않고서는 실현 불가능한 대량생산·대량소비론 이른바 유통혁명론에서 탈피하여 현재야 말로, 공업면에서도 앤티매스화(化)를 하는 편이 나은 부문은 앤티매스화 지향을 강구해야 할 것이다.

나는 매스화니 앤티매스화니 하는 것은 어느 쪽이 더 좋으냐고 따질 성질의 것이 아니라 때에 따라 곳에 따라, 인류 전체의 장래를 거시적으로 보면서 슬기롭게 조화를 이루는 것이 최선이라고 생각한다. 그런 의미에서 현재 일본의 유통업은 일본의 공업을 위해서나 세계의 유통업을 위해서나, 최선의 샘플을 제공하고 있다고도 생각한다.

물론, 앞으로는 보다 시류에 부합되도록 하기 위해 또 사회적 의의를 추구하기 위해 더 한층의 연구와 개선이 필요할 것이다. 그러나 현재의 상황에 자신감을 가지고 제조업계 등 타업계에 대해 '유통업계에서 좀 배우시요'라고 해도 결코 못할 말을 하는 것은 아닐 것이다.

2. 새로운 경영론, 산업론의 모델로

최근에는 새로운 산업론, 경영론이 움트고 있다. 그런데 그 저변에는 일본의 유통업계 사람들이 큰 원동력이 되어 가꾸어지고 있다. 나는 그 움이 틀림없이 잘 자라 아름드리 나무가 되리라 믿고 있다.

나는 매월, 많은 유통업계 사람들과 모임을 갖고 있다. 담론풍발(談論風發), 여러 가지 이야기가 오가는 데, 산업론이나 경영론이 화제에 오를 때 보면, '인류를 위해, 인간으로서의 능력 향상, 인간성의 향상을 위해, 앞으로의 산업이라든가 경영은 이를 위해 운용되어야 한다'는 것이 이들 유통인의 발상 근거가 되어 있다.

사람이란, 항상 사람으로서의 능력의 축적에 전력을 경주하고 있는 동물이다. 왜냐하면, 힘이 붙으면 사람은 ① 머리나 재능이 좋아지고 ② 젊고 아름다워지며 ③ 품위가 있어 보이고 ④ 남의 언동에 긍정할 수 있게 된다.

한편, 능력이 떨어지면 사람은, ① 머리나 재능이 나빠지고 ② 늙고 추해지며 ③ 인품이 천박해지고 ④ 남의 언동을 부정하지 않으면 안되게 된다.

능력이 붙는 것은 이처럼 행복과 연결되는 것이다. 또 남들로부터 인정을 받게 되므로 그것은 성공과도 연결된다. 그러므로 사람은 여간한 변종이 아닌 한, 항시 사람으로서의 능력의 축적에 노력하고 있는 것이다.

이 사람으로서의 능력을 갖는 것을 인간성을 향상시킨다고 하는데, 그것을 공식화 한 것이 표24이다.

〈표 24〉 힘을 붙인다는 것은, 인간성을 향상시킨다는 것은

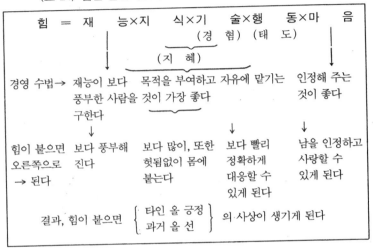

인간성이 향상되면 사람은 남의 언동에 무엇이든 긍정할 수 있게 되고, 또 자기의 과거는 현재의 자기에게 모두 최선의 것이었다고 생각할 수 있게 된다. 이런 발상 아래, 경영이니 산업이니 하는 것은 그것에 종사하는 사람들과 그 주변 사람들의 인간성의 향상에 이바지하는 것이라야 할 것이므로 이를 위해 새로운 산업론과 새로운 경영 수법의 확립이 필요하다는 것이 앞서 말한 새로운 산업론과 경영론의 출발점인 것이다.

이러한 관점에서 볼 때, 유통업은 인간적 요인이 매우 큰 산업이고, 더구나 변화의 적응도 좋으며 노력의 효과도 좋은 편이므로 종사자에게도 매력이 큰 것이다. 제조업이나 농림 수산업과 비교할 때, 인간성의 향상, 인간으로서의 능력 축적이 한층 더 인정받는 산업으로서, 지금 유통업은 그 체질부터 재평가되고 있다. 유통업계의 사람들 사이에서는 새로운 산업론과 경영론의

모델로서 유통업계 자체를 더욱 확고히 위치설정하는 데 노력하자는 움직임이 있는 것은 어쩌면 당연한 일일는지 모른다. 특히 지난 10여년 간 유통혁명론의 세례를 받고 세계를 두루 돌며 수많은 점포를 보고 열심히 공부를 계속해 온 유통인들이다. 그들에게 이러한 인식이 있고, 더욱이 지금 그 산업적 지위의 향상과 더불어 뒤늦게나마 유능한 인재들이 유통업계에 뛰어들어 왔으므로 틀림없이 세계적인 유통업계의 모델로서 또 일본의 타업계 모델로서, 일본의 유통업계는 현상 긍정을 바탕으로 보다 인간적인 발전을 기약하게 될 것이다.

유통혁명은 일본에서는 불발(不發)로 끝났으나, 그 허구의 고개를 넘어섰기 때문에 일본의 유통업계는 금후 그다지 시행착오를 겪지 않고 발전할 것이며, 아마 10여년 후에는 문화적 낭비의 제도화(制度化)를 확립하는 기수로서 안정된 업계가 되어 있을 것이다.

다음 장에서는 부록으로 세계적인 컨설턴트인 오쿠보 다카시(大久保孝)가 진단한 〈한국의 유통산업〉을 수록한다. 한국의 유통산업에 새로운 시대가 열리고 있는 지금 우리에게 가장 관심을 가져야 할 부분의 총체이기도 하다.

부 록

한국의 유통산업

오쿠보 다카시 / 저

오쿠보 다카시 (大久保 孝)
1939년 니이가타(新潟)현 출생
國學院大學정경학부 졸업
와세다(早稲田)대학 생산연구소 수료
고이즈미(小泉)그룹
아부아부 아카부타도(アブアブ 赤札堂)
우에노(上野) 본점장·판매촉진부장·
전문점사업부장, 고이즈미그룹본부 사장실
영업기획부장 겸 홍보부장,
신세계백화점 영업총괄실장이사,
상무이사 겸 본점장, 신규사업본부 상무이사
현재 (주)아시아유통연구소 대표
컨설턴트(아시아지역조사·개발·지도업무),
대구백화점 경영고문

한국의 유통산업

1. 한국 유통산업의 현주소

한국 유통업(소매업·도매업)은 국내 총생산의 15%를 차지하고 있는데, 이는 일본 유통업과 같은 비중이다.

한국은 일본과 달리 도매업은 그다지 발달하지 못했지만, 소매업만을 비교하면 일본보다 국내 총생산의 구성비가 높다. 유통업 판매액은 정부의 5개년계획, 서울올림픽 등 고도성장정책에 편승하여 급속히 신장하고 있다.

정부 방침이 현재는 아직 3차산업 중심이므로, 이 분야의 성장률을 주시할 필요가 있다.

이에 비하면 3차산업은 성장률이 낮고, 전체 구성비도 약간 낮아졌다고 할 수 있지만, 순조롭게 성장하고 있다고 볼 수 있다.

1988년의 소매업 매출액은 약 29조원, 이 가운데 백화점은 약 1조 7천억원(신장비율 약 5.7%)에 달한다.

백화점 전성시대라고는 하지만 아직껏 소매업에서 차지하는 비율은 6%에 불과하다.

아직까지는 기타 소매업의 비중이 압도적으로 높은 편이다. 특히 시장이 차지하는 구성비가 압도적으로 높아 전체의 80%를 차지하는 것으로 나타나고 있다.

따라서 한국의 유통에 관해 시장을 제외하고 말하는 것은 편견에 불과하며, 시장세가 이처럼 강한 한국은 아직 유통근대화가 되었다고 할 수는 없다.

한국 유통산업의 역사

한국 유통업의 역사는 3단계로 요약되는데, 제1기는 1960년까지로, 비근대적인 시장을 중심으로 한 상업형태에 불과했다. 백화점이 처음 도입된 것은 1930년 미쓰코시백화점으로, 일본백화점이었다.

미쓰코시가 물러나고 한때 요리아이(寄合)백화점이 들어섰는데 1969년에 삼성그룹이 신세계백화점으로 재생시켰다. 이것이 한국의 백화점 제1호라고 할 수 있다. 이 도입기에 시장근대화를 착수하려고 했으나 제대로 되지 않았다.

제2기는 1960~1980년으로 성장기라 할 수 있는데, 이 시기는 한국 경제가 정부의 후원아래 현저하게 성장을 거둔 시기이다.

소매업에서는 백화점이 잇따라 개점되었다. 신세계에 이어 미도파백화점, 롯데백화점 등 대재벌그룹의 유통업 진출시기였다.

또한 슈퍼마켓이 처음으로 출점(出店)한 시기이기도 하다.

1967년 서울시에 '뉴서울슈퍼마켓'이 문을 열자 그 후 속속 여러 기업들이 슈퍼마켓에 진출했다.

서울 교외의 고층 아파트를 중심으로 슈퍼마켓은 순식간에 확산되었다. 슈퍼마켓이라고는 하나 불과 30~50평 규모로 소형 슈퍼마켓에 지나지 않았다. 아직 경쟁이 없던 때라 점포를 열면 좋은 실적을 거둘 수 있는 시기이기도 했다.

제3기는 1980년 이후로 확대발전기라고 할 수 있다. 이 시기가 되자 백화점업계는 이업종(異業種)의 신규 참여가 많아졌다.

그랑프리백화점, 크리스탈백화점, 팔레스백화점 등 부동산, 건설업자가 잇따라 백화점업에 참여했다.

한편 기존 백화점의 다점포화가 시작된 시기이기도 하다. 즉, 신세계는 영등포점, 동방플라자점 등을 잇따라 개점했다.

대재벌그룹을 중심으로 유통의 재편성, 매수도 두드러졌다. 한국화약이 한양유통을 매수, 단숨에 유통업 기반을 확립한 것도 이 시기이다. 백화점의 성장발전기이며, 다점포 전개와 함께 대형화, 종합화 되는 시대이기도 했다.

교외에 백화점을 중심으로 여러 가지 레저·오락시설을 갖춘 초대형 백화점도 출현했다.

이와 함께 백화점 종사원의 스카웃 열풍이 일어나 인재가 부족한 백화점에서는 실적부진으로 이어졌다.

슈퍼마켓은 이 시기부터 정체기(停滯期)에 들어갔다. 점포수는 증가했지만, 매출액은 점포수의 증가만큼 증가하지 못했다. 이는 기존 점포의 매출부진이 시작되었기 때문이다. 체인시스템 노하우의 부족과 점포의 소형화로 인하여 성장이 멈추기 시작한 것이다. 슈퍼마켓의 경쟁상대로는 시장이나 공공연금매장, 농협 등의 이업종이 많으며, 아직 슈퍼마켓끼리의 경쟁은 적다.

이 시기는 또 생활편의점(컨비니언스 스토어)이 본격적으로 참여한 시기이기도 하다. 로손, 세븐일레븐, 패밀리 마트 등 일본에서와 같은 생활편의점이 일제히 참여했다.

참여 방법은 한국기업과의 제휴이며, 한국기업이 경영권을 쥐고 있다. 외국기업의 노하우를 본격적으로 도입한 것은 이 생활편의점이 최초라고 생각된다.

지금까지는 일부 백화점이나 슈퍼마켓이 일본 소매기업과 노하우 계약을 맺었지만 본격적인 것은 아니었다. 앞으로는 이 생활편의점이 시장 근대화를 추진하게 될것으로 예측된다.

서울에 집중되는 소매업

한국에서는 주요 기능이 모두 서울에 집중해 있으며, 소매업도 예외는 아니다. 소매업 판매액의 41%가 서울이며, 이는 인구셰어의 24%를 대폭 상회한다. 이를 보더라도, 얼마만큼 서울에 집중되어 있는지 알 수 있다. 반대로 그만큼 지방 소매업이 발달하지 못했다는 것을 보여 준다. 서울과 지방의 상업 격차를 없애는 것도 유통근대화의 큰 테마이다.

2. 한국 백화점 산업의 구조

한국 백화점 산업의 정의

일반적으로 백화점업이란 의류, 가정용품, 그리고 장식품 등의 다양한 상품을 폭넓게 취급하는 점포를 말한다. 그러나 구체적으로 백화점 산업을 정의하는 통일된 견해는 없으며 매우 어렵다.

백화점의 정의는 일본이나 미국 등의 견해로 보면, 마케팅의 관점과 산업분류적인 관점으로 나눌 수 있는데 한국은 어떻게 이루어져 있을까.

한국에서는 백화점을 '각종 상품을 부문별로 구성하여 최종 소비자에게 일괄구매할 수 있도록 주로 직영의 형태로 운영하는 대규모 점포'라고 볼 수 있다.

도·소매업 진흥법에서는 구체적인 기준으로 매장면적과 직영률, 그리고 종업원의 자격을 제시하고 있다. 매장면적을 기준으로 하면 서울지역은 3천㎡ 이상, 그 외의 지역은 2천㎡ 이상의 면적을 가진 점포를 백화점에 포함시킨다.

그리고 매장면적의 50% 이상을 직영할 것과 통상 종업원의 5% 이상이 판매사 자격을 갖출 것을 규정하고 있다. 이밖에도 도·소매업 진흥법은 백화점이 다음과 같은 서비스 시설도 갖추도록 정해 놓았다.

(1) 주차시설 확보

(2) 문화행사 시설 확보

(3) 소비자 보호시설(상담실, 휴게실, 자유계량대, 공중전화)의 확보. 이상이 한국 백화점의 정의이다. 미국처럼 종업원수나 규모가 아니고, 한국은 매장면적을 기준으로 한다.

또 한국의 경우, 직영률 기준을 두어 임대인에 의한 경영의 비효율화를 방지하고 있다.

이와 같이 한국의 백화점에 관한 정의는 상품 진열면을 포괄적으로 규정하기 때문에 미국과는 달리 명확하지 않다. 그러나 한국에서는 판매사 채용으로 종업원의 질적 향상을 꾀한 것이 특징이다.

미국이나 일본은 산업분류상 백화점을 정의하는데 비해 한국에서는 소매업의 일부로서, 백화점 산업을 진흥시키기 위한 목적 지향적 정의를 내린다고 할 수 있다.

세계의 유통인식에서 백화점은 소비자가 일괄구매할 수 있도록 다양한 품목과 주차시설 및 문화시설을 갖추고 있으며, 높은 서비스를 제공하는 대규모 점포라고 정의한다.

그러나 현실적으로 백화점을 정의하는 것은 그리 간단치 않다. 한국에서는 백화점과 쇼핑센터를 혼동하는 경향이 있으며, 법적 기준에 따라 백화점을 정의하면 백화점 산업의 현실을 잘 반영할 수 없게 될 가능성이 크다. 또 백화점 산업에 대한 조사·연구를 하는 연구기관도 법적 기준과는 다른 정의를 내리는 경우가 많다.

한국 백화점의 역사

한국 백화점의 역사는 일제시대인 미쓰코시 경성지점으로부터 시작된다.

내가 1989년까지 본점장(本店長)을 맡았던 신세계백화점 본점이 그 건물이다. 동경(東京) 니혼바시의 미쓰코시 본점을 축소시켜놓은 느낌으로, 중후하고 분위기 있는 건물이다.

민족상업자본의 미형성시대에 한국 유통업계는 일본 자본에 의한 백화점으로부터 그 역사가 시작되었다. 한국 백화점의 역사는 다음과 같이 크게 5단계로 분류할 수 있다.

제1기는 백화점의 창세기이다. 1930년에 미쓰코시백화점의 경성지점이, 1931년에는 한국의 민족자본에 의한 화신(和信)백화점이 개설되었다. 1938년에는 마찬가지로 민족자본에 의한 현재의 미도파백화점 전신인 '정자옥(丁子屋)'이 개설되었다.

제2기(1945~1960년)는 혼란기로 정의할 수 있다.

1945년 일본이 패전에 의해 한국에서 철수함에 따라 일본자본에 의해 개설된 백화점도 민족자본으로 옮겨진 시대이다. 경영 기술이나 인재 등 경영 노하우가 인수되지 않았기 때문에 임대 백화점의 모습밖에 갖추지 못했다. 백화점이라기보다는 임대인의 모임에 의한 대형 상업시설 같은 영업형태였다.

제3기(1960년대 전반~1970년대내)는 국내경제도 다소 질서를 회복, 경제개발계획이 발표되고 삼성그룹이 1963년에 동화백화점 미쓰코시 경성지점 철수후 민족자본이 경영)을 인수, 같은 해 신세계백화점으로 상호를 변경했다.

당시의 사명(社名)으로서 새로운 세계를 창조하려는 큰 기대와 함께 '신세계(新世界)'라는 회사 이름이 결정되었다고 한다.

1979년 롯데쇼핑센터가 개점하기까지 오랜 기간 한국 유통업의 역사는 바로 신세계의 역사이기도 했다.

제4기(1970년 후반~1980년)는 수출 주도형의 고도성장기로서, 유통업계의 근대화를 촉진시키기 위해 때 늦은 정부의 지원도 있었다. 유통업의 발전 준비기라 할 수 있다.

1979년에 롯데쇼핑센터가 개점되자 그때까지 신세계백화점으로 대표되던 한국 백화점업계는 큰 전환기를 맞이했다. 이른바 역사적인 순간이었다. 경영주는 일본롯데를 운영하는 신격호(辛格浩)씨이다.

일본 유통업계를 숙지하고 있었기 때문에 일본형 대형점포에 의한 풀라인의 진열과 호화로운 백화점 문화를 제공한 롯데는 신세계와 함께 한국 유통업계의 근대화에 커다란 충격을 주었다.

제5기(1980년초 이후~)의 10년은 성장기였다. 신세계, 롯데, 미도파 등 도심의 3점포와 함께 서울의 부도심지역에 현대, 뉴코아, 영동, 그랜드 등의 백화점이 근대적 양상을 보이기 시작했으며, 해외로부터 도입한 시스템 및 서비스와 더불어 한국에서의 백화점업계 형태가 일단 갖추어진 시대이다.

한편 이 시대는 지방백화점의 근대화도 이루어져 지방도심에서는 1~2개의 백화점이 경합하는 시대가 되었다.

성장기에 특기해야 할 것은 신세계백화점이 1점포 경영에서 다점포경영 노하우를 확립한 것이다.

1점포만의 경영에서 현재의 4점포를 경영하는 다점포경영 노하우는 한국 유통업계로서는 처음이었다. POS시스템(판매시점정보관리 시스템), 본부시스템, 배송시스템 등 급속히 진전될 다점포화에 대응할 수 있는 체제를 갖추었다고 할 수 있다.

이와 함께 롯데의 잠실점을 들 수 있다. 88년 서울올림픽을 목표로 롯데월드라는 옥내 레저시설을 갖춘 동양 최대의 쇼핑센터이다. 백화점, 전문점, 양판점, 옥내 레저시설을 일체화 한 종합 레저쇼핑센터가 일본의 구로가와(黑川紀章)씨의 설계로 완성되었다.

백화점이라면 도심에 한정되어 있어 교외형 쇼핑센터가 과연 존속할 수 있느냐가 업계의 화제였다. 그러나 결과는 성공이었다.

롯데월드에 관계한 다카시마야(高島屋), 다이에, 간사이세이부(關西西武)백화점 등의 역할이 컸다.

일본의 기술과 인재가 거둔 역할은 크다. 신세계백화점은 오랜 기간 미쓰코시와 제휴하였지만, 1989년부터는 세이부(西武)백화점과 새로운 제휴를 단행했다. 롯데쇼핑은 다카시마야(高島屋), 현대백화점은 다이마루(大丸)백화점, 미도파백화점은 도큐(東急)백화점 등 일본과 깊은 관계를 지속하면서 인재육성, 시스템 도입을 도모하고 있다.

이상 한국 백화점의 성장과정을 5단계로 정리함으로써 개요가 어느 정도 이해되었으리라 생각된다.

국내 정치·경제가 백화점 경영에 미친 영향

이 5단계의 역사 가운데서도 국내 정치·경제가 백화점 경영에 영향을 주었던 사건이나 영향을 정리해보면 다음과 같다.

1. 1970년 경제불황에 의한 임대백화점의 폐업 증가
2. 1975년 상품권 발행금지에 따른 매출액 대폭감소(현재도 상품권은 발행불가)
3. 1977년 부가가치세 실시에 따른 시장 혼란으로 고(高)인플레 발생

4. 1977년 한양유통 슈퍼마켓, 한국 최초로 POS시스템 도입

5. 1988년 신세계백화점, 전점포 종합POS시스템 가동

6. 1980년대 재벌그룹의 유통업계 참여, 현대그룹의 현대백화점, 한국화약그룹의 한양유통 매수

7. 1989년 백화점 '사기세일' 사건으로 매스컴 캠페인에 의한 매출액 대폭감소 및 경영의 윤리문제·소비자운동의 대두

8. 1989년부터 해외 유명 브랜드 적극 도입

9. 1990년 1월 '수입고기' 사건에 의한 사회 문제화

이와 함께 1990년부터 현재도 계속되는 정부의 '과소비억제' 캠페인, 해외 유명 브랜드 불매운동, 수입 대형TV·냉장고 판매 자제 등, 특히 최근에는 백화점에 대한 비난이 높다.

88년 올림픽을 계기로 국민의 해외여행 자유화, 대통령의 민주화 선언, 해외 상품의 수입완화 등 선진화가 추진되었지만, 올림픽이 끝난 후 수출환경 악화에 따른 국내경제의 긴축으로 80년대 급성장을 해온 백화점을 향해 화살이 쏟아졌다.

한국 백화점의 경영주체는 모두 재벌그룹으로, 1960년대 한국 경제를 지탱해 온 재벌그룹이 다투어 백화점 경영에 뛰어들고, 경기부양에 힘입어 급성장하는 모습은 국민에게 위화감을 주었던 것이다.

미국이나 일본에 있어서도 유통업계의 근대화는 국민생활의 향상에 커다란 역할을 해왔으며, 대자본에 의해 서서히 중소기업의 성장이 촉진되어 균형잡인 유통구조가 성립되었다.

현재 한국에서 소매점은 중소기업 육성분야가 되면서도, 이 분야에 대한 대자본의 적극적 진출을 사회악으로 여기는 분위기는 유감이라 하지 않을 수 없다. 산업근대화를 추진하는 데에는 인재, 자금, 법적지원이 필요하다. 1990년대에는 현재의 대백화점들이 선도기업으로서 유통근대화를 강력히 추진하고, 중소상업

자본육성책, 도모책 등을 선진국으로부터 배울 필요가 있다.

유통업에서 차지하는 백화점의 비중

한국 백화점협회에 가입한 국내 백화점은 37개사이다. 한국 백화점 기준으로 매장면적은 서울이 3천㎡ 이상이며, 그 외의 지역은 2천㎡이다. 그리고 매장면적의 50% 이상이 직영매장이어야 한다.

이 기준을 보더라도 아직 미국이나 일본의 백화점 규모와 비교할 상황은 못된다.

전국 백화점에서 백화점다운 영업 형태를 갖춘 점포는 서울시내 11개 점포, 지방 4개 점포 등 모두 14~15개 정도로 생각된다.

따라서 국내소매업 전체에서 차지하는 백화점 셰어(시장점유율)는 그렇게 크지 않다. 그러나 다점포시대를 맞아 해마다 소매업에서의 백화점 매상셰어는 높아지고 있다.

〈표 1〉에서 볼 수 있듯이 1986년도의 유통통계에 따르면, 소매업 전체 매출액 21조 6천억원에 대해 4~12%이며, 1988년도 29조원에 대한 백화점 셰어는 5.78%이다. 일본 백화점협회에 가맹한 백화점은 112개이며, 소매업 전체에서 차지하는 매상셰어는 1985년도가 7.6%이다.

백화점의 성장 추이

〈표 3〉에서 볼 수 있는 백화점의 성장은 1985~1988년에 걸쳐 점포수, 매출액, 매장면적, 자본금 등의 증가가 명확히 나타나 있다. 소매업계 가운데는 백화점의 성장성이 높은데 주목하여

〈표 1〉 유통산업에서 차지하는 백화점 산업(한국)

(단위 : 명, 백만원, %)

		1986년	1988년	증 감
매 출 액	소 매 업 전 체	21,673,830	29,036,486	
	백 화 점	894,000	1,678,000	
	(비 율)	(4.12)	(5.78)	+1.66
종 업 원	소 매 업 전 체	1,221,289	1,287,421	
	백 화 점	21,069	22,647	
	(비 율)	(1.73)	(1.76)	+0.03

자료 : 경제기획원 〈총사업체 조사보고서〉 1986년, 〈도소매업 통계조사
　　　보고서〉 1989년.
　　　백화점협회 〈전국백화점 및 쇼핑센터 조사보고서〉 각 연호.

〈표 2〉 소매업에서의 백화점 비율(한 · 일 · 미)

(단위 : %)

한 국			일 본			미 국		
1981	1986	1988	1982	1985	1987	1970	1980	1987
-	4.1	5.8	7.8	7.6	-	-	-	7.0

자료 : 경제기획원 〈도소매 센서스〉 1986년.
　　　경제기획원 〈도소매 통계조사 보고서〉 1988년.
　　　일본통상산업성 〈산업통계표〉 1985년, Chain Store Age. 1989년

〈표 3〉 백화점 산업의 성장 추이(한국)

	1985년	1986년	1987년(a)	1988년(b)	연평균증가율
사 업 체 수(사)	118	97	133	148	10.2%
종 업 원(명)	15,700	2,069	18,391	22,647	14.9
매 출 액(10억원)	674	941	1,241	1,678	35.6
매 장 면 적(㎡)	-	645,077	774,972	852,933	15.1
자 본 금(백만원)	60,045	56,579	77,607	101,617	19.8

자료 : 경제기획원 〈총사업체조사 보고서〉 1986년.

〈표 4〉 백화점 매출액 성장률(한 · 일 · 미)

한 국	일		본	미	국
1984-1988년	1956-1964년	1965-1974년	1975-1987년	1970-1980년	1981-1987년
30.76 %	14.4 %	16.5 %	5.25 %	14.8 %	9.7 %

(주) : 미국의 성장률은 대형소매업 50사에 랭크된 11사의 대형 기업실
적이다.

부동산업적 발상으로 신규 진출한 경우도 많이 있다.

이 경우 노하우가 없었기 때문에 실패하여 매각한 경우도 많았
다.

이 시기, 경제성장에 의존한 백화점의 신장률은 1985년부터
1988년까지 연평균 40.7 %의 고성장을 기록하고 있다.

국민소득 증가, 소비패턴 변화, 상업구조 변화에 영향을 받았
다고 할 수 있다. 정사원수를 보더라도 연평균 14.9 %의 신장을
나타내고 있어 유통업계의 성장, 발전이 국민의 취업 기회를
증가시키는 역할을 한다는 것을 보여 준다.

점포 대형화도 1986년의 약 64만 5천㎡에 비해 1988년에는
85만 3천㎡로 확대되어, 연율 15.1 %의 신장률을 나타내고 있
다. 매장 증가율이 사업체 수의 증가율을 상회하는 것은 백화점
자체의 매장확대가 계속되고 있음을 의미한다.

〈표 4〉는 한국경제사회연구원이 작성한 한 · 미 · 일본의 백화
점 매출액 성장률 비교다. 즉, 얼마 만큼 한국의 백화점의 성장이
계속 되었는지를 말해 준다. 다음으로 그림 1을 보면 횡축은
유통업 각 부문별 1988년도 매출액을 나타낸다. 종축은 1985~8
8년까지의 매출액 성장률이다.

그림에서 알 수 있듯이, 유통업은 전반적으로 성장률이 높은
매력있는 산업이다.

1988년을 기준으로 도매업은 약 34조원의 시장규모로 확대되

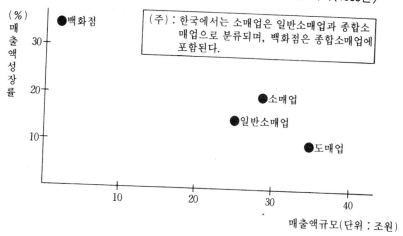

그림 1 매출액 성장률과 매출 규모에 따른 유통업 위치(1988년)

(주) : 한국에서는 소매업은 일반소매업과 종합소매업으로 분류되며, 백화점은 종합소매업에 포함된다.

었다. 연평균 9%의 성장률이다. 소매업(한국에서는 중소기업의 상점을 의미한다)은 29조원의 시장에 평균 약 21%의 성장률을 보인다. 백화점이 매출규모로는 도·소매업에 비해 낮지만, 성장률은 연평균 34%의 높은 수준을 나타내고 있다.

따라서 도·소매업 모두 산업규모와 성장률에서는 안정성장기로 진입한 단계이며, 백화점은 성장 초기단계다. 이와 같이 한국의 소매업 가운데 근대화된 백화점이 급성장하고 있음을 알 수 있다.

백화점의 수요 구조

1985년 한국의 1인당 국민소득(GNP)은 2천 194달러였으나, 1988년에는 4천 40달러, 1989년에는 약 5천달러에 달하고 있다. 1985년 1인당 소득을 평균하면 15.8%의 증가율이다. 시장규모

<표 5> 백화점 수요 현황

	1985년	1986년	1987년	1988년	평균증가율
1 인 당 GNP($)	2,194	2,503	3,098	4,040	
증 가 율(%)	－	(16.0)	(15.5)	(15.9)	(15.0)
국민 1 인 당 소 비 액(천원)	1,081	1,152	1,152	1,422	
증 가 율(%)	－	(6.54)	(0)	(23.5)	(10.0)
백 화 점 매 출 액(십억원)	674	894	1,241	1,678	
증 가 율(%)	－	(32.6)	(38.8)	(35.2)	(33.9)
국민 1 인당 백 화 점 소 비 액(원)	16,530	22,849	31,269	39,993	
증 가 율(%)	－	(38.2)	(36.9)	(27.9)	(34.3)
백 화 점 업 체 당 판 매 액(백만원)	36,380	45,545	54,166	64,566	
증 가 율	－	(25.2)	(18.9)	(19.2)	(21.1)
백 화 점 종 업 원 1 인 당 판 매 액(천원)	41,719	47,558	70,686	82,362	
증 가 율(%)		(14.0)	(48.6)	(16.5)	(26.4)
백 화 점 매 장 면 적 1 평 당 미 터 당 판 매 액(천만원)	－	1,553	1,678	1,968	
증 가 율(%)	－	－	(8.0)	(11.3)	(12.7)

확대와 유효수요 증대가 확실히 진행되고 있음을 알 수 있다.
특히 한국경제에서 문제가 되어왔던 소득격차 문제는 최근 중산
층의 증가에 의해 점차 시정되고 있다. 이 결과 국민 1인당 백화
점에서의 구매액 평균 증가율도 34.3%로, 현저한 신장을 보이고
있다.

또 백화점 종업원 1인당 판매액은 1985년 4천 1백 71만원이었
으나, 1988년도에는 8천 2백 36만원으로 불과 3년만에 배로 늘어
났다. 연평균 26.4%의 성장률은 일본의 1960년대초와 거의 같은
수준이다.

참고로 한·미·일의 1인당 GNP를 비교하면 <표 6>과 같다.

1982년부터 1989년까지 한국과 일본을 비교해 보면 그 차이는 계속되어 5~5.5배로 옮겨가고 있다. 물론 환율변동을 고려하지 않으면 안된다.

<표 6> 국민 총생산 추이

	일	본	미	국	한	국
	GNP(백만달러)	1인당(달러)	GNP(백만달러)	1인당(달러)	GNP(백만달러)	1인당(달러)
1972년	300,113	2,806	1,155,200	5,532	9,712	300
1973년	396,550	3,660	1,294,900	6,154	12,477	379
1974년	440,183	4,014	1,406,911	6,640	14,143	423
1975년	476,638	4,311	1,516,300	7,101	19,089	551
1976년	554,443	4,917	1,706,500	7,932	25,370	707
1977년	694,019	6,095	1,887,200	8,704	34,616	950
1978년	974,229	8,479	2,127,600	9,757	47,583	1,285
1979년	1,000,757	8,637	2,413,900	10,967	61,496	1,436
1980년	1,035,819	8,870	2,626,100	11,535	59,197	1,553
1981년	1,139,290	9,684	2,937,700	12,783	65,747	1,618

<표 7> 일·미·한, 1인당 GNP

(단위 : 달러)

	1982년	1983년	1984년	1985년	1986년	1987년	1988년	1989년
일본	9,141	9,905	10,469	11,014	16,180	19,553	23,317	23,128
미국	13,616	14,505	15,926	16,779	17,549	18,557	19,813	21,036
한국	1,824	2,002	2,158	2,194	2,503	3,098	4,040	4,968

(주) : 일본의 89년 1인당 GNP가 88년도 보다 낮은 것은 환율변동 때문임.

백화점의 공급 동향

<표 8> 가운데 매장면적 확대가 1987년부터 계속되고 있는

〈표 8〉 백화점 공급동향

(단위 : 개, 명, ㎡, 백만원, %)

연 도	1985년	1986년	1987	1988년	연평균증가율
백 화 점 사 업 체 수	118	97	133	148	
(증가율)	−	(-17.8)	(37.1)	(11.3)	(10.2)
백 화 점 종 업 원 수	15,700	21,069	18,391	22,647	
(증가율)	−	−	(-12.7)	(23.3)	(14.9)
백 화 점 매 장 면 적	−	645,077	774,972	852,933	
(증가율)	−	−	(20.1)	(10.1)	(15.1)
백 화 점 투 자 자 산	28,755	31,418	40,565	67,644	
(증가율)	(13.0)	(9.5)	(28.9)	(66.8)	(29.6)
백화점 유형고정자산	342,191	348,153	482,253	720,381	
(증가율)	(21.1)	(1.7)	(38.5)	(49.4)	(27.7)
국 민 1 인 당 백 화 점 매 장 면 적	−	0.016	0.018	0.02	
(증가율)	−	−	(12.5)	(11.1)	(11.8)

것에 주목할만 하다. 이는 앞으로 10년간은 백화점시대임을 의미한다.

성장기에 있는 백화점 투자자산은 대폭 증가하여 1988년의 증가율은 66.3%에 달한다. 건축되는 백화점은 과거 양판점형 점포가 아닌 근대적 초호화 건축으로 투자경비가 들며, 고정투자율은 투자자산의 증가율을 급격히 높이고 있다. 백화점 투자가 고정자산에 집중됨을 시사하고 있다.

서울시내 백화점 현황

한국의 백화점 분포는 서울시내로 집약된다. 서울시내의 백화점 경쟁은 88년의 롯데월드 개장 이후 시작되었다. 선진국 유통

업 역사가 말해주듯이 무경쟁시대, 경합시대, 경쟁시대, 전쟁시대
로 흐르는 것을 생각하면 현재 한국 유통업계는 경합시대라고
할 수 있다.

일본 유통업계는 경쟁시대이고, 미국 유통업계는 전쟁시대라
고 생각한다.

경합시대란 경합점이 함께 있어 일정한 성장이 가능한 시대이
고, 경쟁시대는 기업전략에 따라 우열이 가려지는 시대이며,
전쟁시대는 이기느냐, 지느냐의 승부가 명확해지는 시대라 할
수 있다.

한국의 유통업자들은 경합이 심하다고 기회 있을 때마다 이야
기하지만, 선진국과 비교해 보면 아직 점포를 열어도 성장이
가능하다.

〈그림 2〉를 보면 서울시내의 백화점이 전국 백화점의 매출에

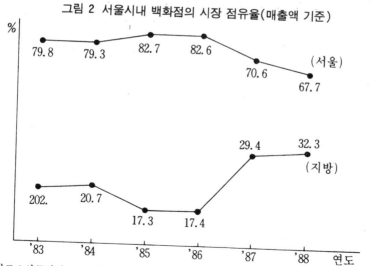

그림 2 서울시내 백화점의 시장 점유율(매출액 기준)

자료 : 상공회의소 〈소매업경영통계조사보고서〉 각 연호.
　　　경제기획원 〈도소매업통계조사보고서〉 1989년.

에 차지하는 시장점유율은 67.7%다. 얼마 만큼 백화점 업계가 서울에 집중투자하는지 알 수 있다. 전체인구 중 서울인구는 약 4분의 1인 1천만명을 이미 넘어 1천 2백만명에 가깝다.

서울에 집중되는 것은 인구동태적인 필연성도 있지만 그것만은 아니다. 도시와 지방의 생활문화는 큰 격차가 있으며, 백화점 존립의 입지도 서울시내를 중심으로 지방 대도시 일부에 국한되기 때문이다.

일본과 같이 인구 10만~20만의 지방도시에서 백화점 경합을 볼 수 있는 것은 향후 20~30년의 일이다. 오히려 서울 근교를

〈표 9〉 지역별 백화점 사업체수 및 종업원수

(단위 : 개, 명, %)

지 역	사업체수	구 성 비	점 포 수	구 성 비	종업원수	구 성 비
전 체	110	100	121	100	22,647	100
서 울	25	22.7	35	28.9	11,497	50.8
지 방	85	77.3	86	71.1	11,150	49.2
부 산	7	6.3	7	5.8	1,550	6.8
대 구	7	6.3	8	6.6	2,326	10.3
광 주	5	4.5	5	4.1	1,242	5.5
인 천	4	3.6	4	3.3	438	1.9
경 기	12	10.9	12	9.9	637	2.8
강 원	4	3.6	4	3.3	113	0.5
충 북	2	1.8	2	1.7	343	1.5
충 남	14	12.7	14	11.6	1,000	4.4
전 북	8	7.2	8	6.6	605	2.7
전 남	1	0.9	1	0.8	—	—
경 북	7	6.4	7	5.8	694	3.1
경 남	10	9.1	10	12.1	1,977	8.8
제 주	4	3.6	4	3.3	255	1.1

자료 : 백화점협회 〈전국백화점 및 쇼핑센터 현황조사보고서〉 1988년

포함하여 부산, 대구, 인천, 광주, 대전 등을 제외한 도시에서는 백화점보다 양판점의 출점(出店)이 요구된다.

또 한가지 〈그림 2〉에서 주목하지 않으면 안될 것은 1983년 79.8%의 집중력을 보인 서울의 매출액 비중이 1987년에 70.6%, 1988년에는 67.7%로 점차 감소 추세를 보이는 것이다. 지방 매출액의 비중은 1983년 20.2%에서 1988년에는 32.3%로 늘어났다.

이는 소득증대에 따라 지방도시의 소비자 구매력이 대폭증가하는 증거이다. 매우 바람직한 현상으로 백화점 전국 전개의 가능성을 나타내고 있다.

과거에 나는 지방백화점에 경영지도와 영업에 관한 어드바이즈를 한 적이 있다. 이 지방 백화점은 서울 시내의 대형 백화점에 비해 높은 성장률을 유지했다. 어느 지방 백화점은 과거 5년간 평균적으로 전년매출의 50% 이상의 신장률을 보이고 있다.

〈표 10〉은 서울과 지방도시의 수급현황이다. 서울, 부산, 대구, 인천을 제외한 것이다.

종업원 1인당 매출에서도 서울 약 8천 2백만원, 부산 약 5천만원, 대구 약 7천만원으로 다른 도시를 압도한다.

서울시내 백화점 실태

서울시는 한강을 중심으로 남과 북으로 나뉘어 상권을 이루고 있다. 북쪽은 도심이며, 옛날부터 번화가다.

백화점으로는 신세계 본점, 롯데 본점, 미도파 본점이 경합하고 있으며, 그 중간에 명동이라는 젊은이들이 모이는 거리가 있다.

한강 남쪽은 부도심으로, 급성장 가능성이 있는 지역이다.

〈표 10〉 지역별 수급 현황

(단위 : 십억원, 명, 천원, ㎡)

지 역	지역별 총소득액	종업원 1인당 인구	종업원 1인당 매출액	종업원 1인당 면적
서 울	28,415	844	81,944	33
부 산	10,367	2,265	50,644	25
대 구	5,987	871	69,011	22
인 천	4,088	3,337	—	66
경 기	14,149	7,705	37,758	70
강 원	5,089	15,256	—	29
충 북	4,103	4,052	—	32
충 남	8,856	3,067	26,957	46
전 북	6,497	3,743	28,895	54
전 남	11,064	3,022	43,854	22
경 북	8,885	15,595	9,853	20
경 남	10,376	1,793	30,726	28
제 주	1,440	2,168	—	32

(주) : 지역별 총소득액은 1979년 이후의 지역별 소득(GRP)이나 소비
액 자료가 공표되어 있지 않기 때문에 국민총생산을 지역별 인구
로 가중분할한 것이다.
　　　지역별 인구는 경제기획원 '인구센서스'의 자료를 이용했다.

〈표 11〉 전국 소매업의 추이

(단위 : 개)

구 분	지역	'83년	'84년	'85년	'86년	'87년	'88년	'89년
백 화 점	전국	33	38	45	50	57	67	70
	서울	19	14	20	21	15	25	27
슈　퍼	전국	5,151	7,559	7,020	9,740	11,940	12,030	1,300
	서울	962	891	950	1,100	1,300	2,440	3,000
지하상가	전국	35	38	45	52	59	70	83
	서울	23	26	30	34	88	40	46

〈표 12〉 서울 시내 소매업 현황

	83년말	84년말	85년말	86년말	87년말	88년말	89년말	89 / 88
백 화 점 수	(점)19	14	20	21	15	25	27	1.1배
매 장 면 적	(평)25,398	30,198	49,128	53,673	53,673	111,724	120,726	1.1배
슈퍼스토어수	(개)962	891	950	1,100	1,300	2,440	3,000	1.2배
매 장 면 적	(평)76,960	78,720	80,000	83,200	97,500	183,000	224,900	1.2배

새로운 빌딩과 일본의 록뽄기(六本木), 아오야마(靑山) 같은
패션타운, 고소득층 아파트촌이 들어서 4~5년 전의 서울을 알고
있는 외국인에게는 다른 나라가 아닐까 생각될 정도로 변모했
다.

서울 인구는 남과 북에 양분되어 있는데 해마다 남쪽이 늘고
있다. 서울시내의 백화점 역사(歷史)를 정리하면 다음과 같다.

제1기(1969년~1983년) : 신세계백화점 주도시대

1969년 신세계의 직영화에 따라 한국 유통백화점의 상법혁신
이 이루어지고, 신세계를 중심으로 롯데, 미도파가 서울시내
백화점의 마켓셰어를 3분화(分化)한 안정된 시대였다.

제2기(1984년~1987년) : 강남·북(江南·北)백화점 경합시대

도심의 3점포와 함께 부도심 지역에 현대, 한양, 영동, 그랜
드, 뉴코아, 유니버스, 크리스탈 등이 대거 진출함에 따라 서울
시내 백화점 면적은 4만 3천평으로, 제1기에 비해 약 3배가 되었
고 강북과 강남의 지역경합시대를 맞았다.

제3기(1988년~1992년) : 다점포화시대

각 백화점 모두 기존점의 매장면적 확대와 다점포화로써 신점
포전략을 추진하고 있다. 한편으로는 신업태(新業態)개발도
추진, 백화점과 병설하여 스포츠관, 문화센터 등의 시설복합화를
도모하며 기업 차별화를 꾀하고 있다.

〈표 13〉 서울 시내 백화점 면적추이

(단위 : 평)

연 도	매장면적	증가면적	증가율	비 고	
'84년	30,198	–	–		
'85년	49,128	18,930	63%	현대	7,188
				뉴코아신관	6,400
				파르코	3,502
				우성 그랑프리	1,840
'86년	53,673	4,545	9%	그랜드	4,545
'87년	53,673	–	–	미아점(신세계)	2,986
				롯데신관	6,695
				잠실A점	12,137
				새나라슈퍼	4,082
'88년	111,724	58,051	108%	무역센터	7,990
				현대반포	1,744
				쁘렝땅	3,606
'89년	120,726	9.002	8%	진로도매센터	10,245
				한신코아	3,488
				서울프라자	5,078

'84년 대비 '89년 90,528평(300%) 증가

〈표 14〉 강남 · 강북의 백화점 비교(1988년도)

(단위 : 점, 억원, %, 평)

구 분	백화점수	매 출		매 장 면 적	
		금 액	구성비	평 수	구성비
강 남	14	7,922	51.7	74,504	66.7
강 북	11	7,391	48.3	37,220	33.3
계	25	15,313	100	111,724	100

〈표 15〉'신세계'의 규모 및 시설 현황

(1988년 12월말 현재)

	본 점	영등포점	동 방 점	미 아 점	단위
개 점 일 시	1963년 10월	1984년 5월	1984년 10월	1988년 8월	
부　　　지	2,117	1,114		1,499	평
건　　　평	5,780	5,110	2,642	6,093	평
(층　　수)	지상 : 5층 지하 : 1층	지상 : 7층 지하 : 3층	지상 : 1층 지하 : 2층	지상 : 6층 지하 : 1층	
매　　　장	3,442	2,592	2,643	2,986	평
에스칼레이터	—	13	11	10	기
엘 리 베 이 터	6	4	26	4	기
주 차 장	956	662	1,271	—	평
주 차 대 수	175	98	123	111	대
인　　　원	1,437	400	224	336	명

〈표 16〉'신세계'를 제외한 주요백화점 규모 및 인원

(단위 : 명, 평)

		오 픈	층 수	부 지	연면적	매장면적	인 원
롯	본　　점	79년11월	B3－12F	3,551	26,356	12,570	1,743
	잠 실 A	88년11월	B3－12F	4,713	32,911	12,137	905
	잠 실 B	88년11월	B3－ 6F	1,652	10,114	4,082	446
데	영등포역사	91년예정	B5－ 9F	4,240	26,090	8,000	—
	계			14,156	95,471	36,789	3,094
현	압구정동	85년12월	B4－ 5F	2,865	14,943	7,188	1,075
	KOEX점	88년 9월	B4－ 8F	3,085	19,407	7,990	816
대	반 포 점	88년12월	B4－ 5F	694	4,396	949	117
	계			6,664	38,746	16,127	2,008
미	명 동 점	69년 9월	B1－ 6F	742	4,450	3,150	934
도	청량리점	78년10월	B2－ 4F	889	3,381	2,190	324
파	계			1,641	7,831	5,340	1,258

한 양	영 동 점	79년 9월	B1 - 5F	3,097	7,382	3,858	334
	파 르 코	85년 7월	B2 - 5F	2,587	4,545	3,200	1,499
	잠 실 점	83년 9월	B1 - 5F	7,251	9,500	2,756	245
	청량리역사	92년예정				8,000	-
	계			12,935	21,427	17,814	2,708
뉴 코 아	본 관	80년11월	B2 - 5F	3,000	6,005	2,102	
	신 관	85년 2월	B3 - 5F	4,393	13,699	6,982	
	계			7,393	19,704	9,084	957
영 동		83년 9월	B2 - 8F	1,535	4,415	2,580	407
그 랜 드		85년12월	B3 - 7F	2,938	7,947	4,545	477
쁘 렝 땅		88년 9월	B1 - 6F	575	5,734	3,606	300
진 로		88년 1월	B3 - 7F	20,400	28,890	10,245	920
서울플라자 (서울역사)		88년12월	B3 - 3F	8,617	7,604	3,727	-
삼 풍		89년 5월	B4 - 5F	1,400	9,080	5,500	800
한 신 코 아		88년12월	B2 - 5F	2,235	6,386	3,488	300

(주) : 신세계 백화점에 관해서는 표 15를 참조.

3. 한국 백화점의 경영분석

재무분석

1) 성장성(成長性)

백화점업의 성장성은 도매업이나 소매업, 일반소매업에 비해 상당히 높은 수준을 보인다.

〈표 17〉에 제시된 1983년부터 1988년까지의 성장에 관한 지표를 보면, 매출액 증가율에서는 백화점의 연평균 30.7 %(1984년~

1988년)인데 비해 일반소매업 18.5%, 소매업 22.9%, 도매업 10.10%로, 백화점의 매출신장이 다른 유통업에 비해 두드러진다.

총자산 증가율, 자기자본 증가율, 유동자산 증가율 등의 지표에서도 백화점이 일반소매업, 소매업, 도매업에 비해 높은 증가율을 나타내며 유통업 가운데 백화점의 성장이 빠른 것을 알 수 있다.

〈그림 3〉에 따르면 유통업 각 부문 매출액의 증가율을 알 수 있는데, 백화점 매출액 증가율이 유통업 전체에서 상당히 높은 추세를 유지하고 있다.

백화점 매출액 증가율은 1984년의 18.1%와 1985년의 29.1%를 제외하면 매년 30% 이상으로 높이 성장하였다. 소매업과 일반소매업은 1983년의 높은 성장 이후 10~20% 정도의 성장률을 보이며, 도매업 성장률은 제일 낮은 10%선에서 변동하고 있다.

〈표 17〉 성장성에 관한 지표

(단위 : %)

산 업 구 분	1983~1988년 평균 증가율			
	백 화 점	일반소매업	소 매 업	도 매 업
매 출 액 증 가 율	30.76[a]	18.58	22.9	10.10
총 자 산 증 가 율	29.32	12.62	21.17	12.06
자 기 자 본 증 가 율	34.57	14.87	24.69	15.22
유 동 자 산 증 가 율	23.8	10.53	18.37	10.99

자료 : 한국은행 「기업경영분석」 각 연호. 산업은행 「재무분석」 각 연호.
　　　상공회의소 「대형소매점 경영동향조사보고」 1984년, 1985년.
　　　백화점협회 「전국백화점 경영실태조사보고」 1987년.
(주) : 일반소매업의 수치는 소매업중 대형소매점의 실적을 제외한 것이다. 도매업은 무역업을 제외한 일반도매 수치다.
　　　(a) 백화점의 매출액 증가율은 1984년부터 1988년간의 수치이다.

그림 3 매출액 증가율의 변동 추이

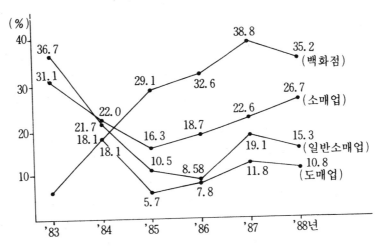

그림 4 총자산 증가율의 변동추이

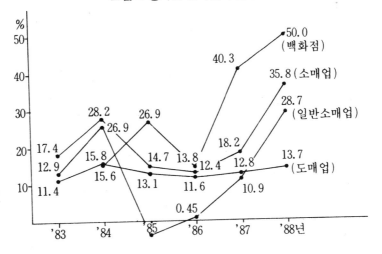

총자산 증가율의 변동추이는 〈그림 4〉와 같다. 구체적인 변동추이를 보면 백화점, 소매업, 일반소매업이 비슷한 것에 비해 도매업은 11.4%에서 15.8%의 안정적인 수준을 유지하고 있다.

총자산 증가율에서도 백화점은 다른 업종에 비해 높은 수준을 보인다. 특히 1987년과 1988년에는 연간 40.3%와 50.0%의 매우 높은 성장률을 보였다.

2) 수익성

수익성에 관한 지표에서도 백화점은 일반소매업, 소매업, 도매업에 비해 높은 수준의 실적을 보인다.

총자본의 경상이익률은 도매업이 제일 높은 평균 4.25% 수준이며, 백화점이 그 다음으로 3.68% 수준, 일반소매업이 3.30%, 소매업이 3.42%의 수준이다.

매출액의 경상이익률은 백화점이 3.20%로 제일 높으며, 도매업이 0.77%로 제일 낮다. 매출액의 순이익률도 역시 백화점은 제일 높은 1.67%이며, 도매업은 제일 낮은 1.01%이다.

매상원가비율에서도 백화점은 제일 낮은 76.61%이다. 이와 같은 수치는 백화점이 성장성 뿐만 아니라 수익성도 좋다는 것을 의미한다. 따라서 산업특성을 고려할 필요가 있다. 이익율에서 도매업이 제일 낮은 것은 박리다매(薄利多賣)를 원칙으로 하기 때문인 듯하다.

〈그림 5〉에는 유통업의 총자본 경상이익율을 제시하였는데 백화점, 일반소매업, 소매업, 도매업의 변동추이는 비슷한 추세를 보인다.

유통업 가운데 도매업의 경상이익율이 제일 높은 추세이다. 1983년부터 1984년까지는 백화점이나 소매업에 비해 낮은 수준

〈표 18〉 수익성에 관한 지표

(단위 : %)

	1983~1988년 평균 증가율			
	백 화 점	일반소매업	소 매 업	도 매 업
총자본 경상수익률	3.68	3.30	3.42	4.25
매출액 경상이익률	3.20	2.16	2.37	0.77
매출액 순이익률	1.67	1.56	1.51	1.01
매 출 원 가 비 율	76.61	85.05	81.88	92.59

자료 : 한국은행「기업경영분석」각 연호. 산업은행「재무분석」각 연호.
상공회의소「대형소매점 경영동향조사보고」1984년.
백화점협회「전국백화점 경영실태조사보고」1987년.
(주) : 일반소매업의 수치는 소매업 가운데 대형소매점의 실적을 제외한
것이다. 도매업은 무역업을 제외한 일반도매업 수치이다.

그림 5 총자본 경상수익률 변동추이

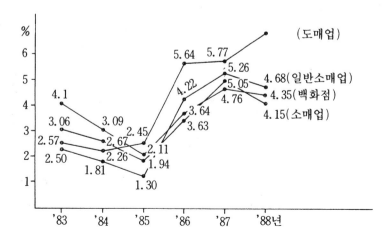

이었으나, 1985년 이후는 높은 수준을 유지하고 있다.

　백화점의 경상이익율은, 1983년부터 1984년까지는 다른 업종보다 높은 수준을 보이지만, 1985년 이후 도매업보다 낮은 수준에 머무르고 있다.

　매출액의 순이익율에서도 유통업 각 부문간에 큰 차이는 없다. 〈그림 6〉을 보면 유통업은 1984~85년 사이에 전반적으로 낮은 순이익율을 기록했으나, 1986년 이후 각각 회복추세를 보이고 있다. 그러나 백화점은 1984년과 1985년에도 1.58% 1.12%의 이익율로, 전반적으로 비슷한 경향의 이익율을 유지했다.

3) 활동성

　〈표 19〉를 보면 백화점 산업의 활동성은 다른 업종에 비해 낮다는 것을 알 수 있다. 그것은 높은 고정자산과 서비스를 제공하지 않으면 안되는 백화점 산업의 특성을 반영하는 것이다.

그림 6. 매출액 순이익률 변동추이

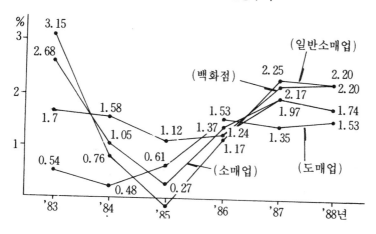

총자본 회전율을 보면 백화점 1.12, 일반소매업 1.60, 소매업 1.25
로, 소매업종의 회전율이 전반적으로 낮은 반면 도매업은 3.19로
높다.

자기자본 회전율에서도 백화점 8.60, 일반소매업 9.07, 소매업
8.01로 전반적으로 낮으며, 도매업은 18.42로 높다. 이와 같은
현상은 상품회전율이나 경영자본 회전율에서도 똑같이 나타난

〈표 19〉 활동성에 관한 지표

(단위 : %)

	1983~1988년 평균 증가율			
	백 화 점	일반소매업	소 매 업	도 매 업
총자본 회전율	1.12	1.60	1.25	3.19
자기자본 회전율	8.60	9.07	8.01	18.42
상 품 회 전 율	10.39	11.99	11.3	20.8
경상자본 회전율	1.32	1.88	1.73	3.92

(주) : 일반소매업의 수치는 소매업 가운데 대형소매점의 실적을 제외한
것이다.

그림 7 총자본 회전율 변동추이

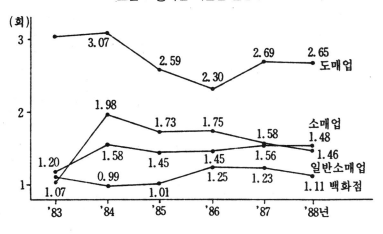

다. 상품 회전율이나 경영자본 회전율에서도 백화점은 각각 1
0.39와 1.32로 제일 낮다.

　〈그림 7〉의 총자본회전율의 변동추이를 보면, 1983년부터 1
988년까지 마찬가지로 도매업이 상당히 높은 총자본 회전율을
유지하는 반면 백화점의 총자본 회전율은 제일 낮다.

　백화점업의 총자본 회전율은 1984년 0.99에서 해마다 조금씩
높아졌으나 1986년의 1.25를 정점으로 1987년에는 1.23, 1988년에
는 1.11로 내려 갔다. 일반소매업과 소매업은 안정을 유지하고
있다.

　상품 회전율은 〈그림 8〉에서 볼 수 있듯이 도매업이 전반적으
로 백화점업, 소매업에 비해 높고 백화점업과 일반소매업, 소매
업의 상품 회전율은 비슷하다.

그림 8 상품 회전율 변동추이

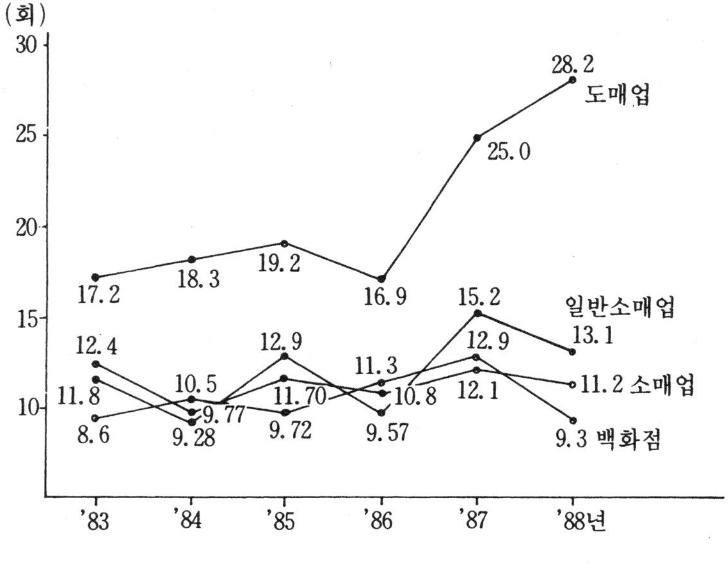

〈표 20〉 백화점 산업의 생산성 추이

	1985년	1986년	1987년	1988년	연평균증가율(%)
업태당 판매액 (백만원)	36,380	45,545	54,166	64,566	21.1
1인당 판매액	41,719	47,558	70,686	82,362	26.4
면적당 판매액		1,553	1,678	1,968	12.7

자료 : 한국은행 〈기업경영분석〉 각 연호. 산업은행 〈세무분석〉 각 연호.
백화점협회 〈전국백화점 및 쇼핑센터 현황조사보고서〉 각 연호.

백화점업의 회전율은 1983년에 8.6회, 1985년에는 9.72회로 낮았으나, 1986년, 1987년에는 각각 11.3회, 12.9회로 회복하고 있다. 그러나 1988년에는 9.3회로 제일 낮은 회전율을 보인다.

〈표 20〉은 백화점산업의 생산성 추이를 나타낸다. 백화점업계의 업태(業態)당 평균 판매액은 1985년 3백 63억 8천만원에서 1988년 6백 45억 6천 6백만원으로 증가, 1985년부터 1988년까지의 성장률은 77.5%에 달한다.

백화점업계의 생산성을 반영하는 또 하나의 지표인 1인당 판매액은 1985년 4천 1백 71만 9천원에서 1988년 8천 2백 36만 2천원으로 97.4% 늘어났다.

이와 같은 현상은 백화점산업의 생산성 향상에 있어서 노동력의 생산성 향상이 중요함을 시사하는 것이다.

한편, 매장면적당 판매액은 1986년의 1백 55만 3천원에서 1988년에는 1백 96만 8천원으로 증가, 3년간 26.7%가 늘었다.

매장면적당 판매액 증가율이 상대적으로 낮은 이유는 백화점의 성격상 대면(對面)판매에 크게 의존하기 때문으로 생각된다.

〈표 21〉은 백화점의 기업당 매출액 증가율이 주로 종업원의 생산성 향상에 의존하고 있음을 시사한다.

백화점의 종업원 생산성 향상을 실질적으로 반영하는 지표 중의 하나는 부가가치 증가율이다.

백화점업계의 종업원 1인당 부가가치 증가율은 도매업, 일반소매업에 비해 높은 수준으로 21.9%를 기록하고 있다. 즉, 백화점업의 부가가치증가율 21.9%는 일반도매업 12.4%, 소매업 16.

〈표 21〉 종업원 1인당 부가가치 증가율

(단위 : %)

구 분	1985년	1986년	1987년	1988년	평균증가율
백 화 점 업	25.2	20.8	19.6	21.9	21.9
도 매 업	19.6	1.5	13.9	14.7	12.4
소 매 업	8.8	22.5	20.2	14.9	16.6
일반소매업	4.4	21.6	26.9	15.3	17.1

자료 : 한국은행 〈기업경영분석〉 각 연호. 산업은행 〈재무분석〉 각 연호.
(주) : 일반소매업의 수치는 소매업 가운데 대형소매점의 실적을 제외한 것이다.
　　　도매업은 무역업을 제외한 일반도매업의 수치이다.

〈표 22〉 샌상성에 관한 지표

(단위 : %)

	1983~1988년 평균치			
	백 화 점	일반소매업	소 매 업	도 매 업
총자본 투자효율	17.22	24.2	22.73	20.13
설 비 투 자 효 율	39.53	72.68	56.63	131.05
부 가 가 치 율	15.33	16.30	16.17	6.37
노동소득 분배율	47.56	51.75	50.93	48.52

자료 : 한국은행 〈기업경영분석〉 각 연호. 산업은행 〈재무분석〉 각 연호.
　　　성공회의소 〈소매업경영동향조사보고〉 1984년.
　　　백화점협회 「전국백화점 경영실태조사보고」 1987년.
(주) : 일반소매업의 수치는 소매업 가운데 대형소매점의 실적을 제외한 것이다.
　　　도매업은 무역업을 제외한 일반도매업의 수치이다.

6%, 일반소매업 17.1%에 비해 상당히 높은 편이다.

〈표 22〉는 투자효율에 관한 여러 지표를 나타낸다.

이 표에 따르면 백화점산업의 투자효율 지표는 다른 유통업에 비해 낮은 수준을 기록했다. 우선 총자본 투자효율에서 백화점 산업은 17.22%로 다른 유통업 수준에 비해 낮게 나타나며, 설비 투자효율에서도 다른 업종에 비해 낮은 39.53%만을 달성하였다.

이러한 현상은 백화점이 전략규모가 크고, 설비투자비율이 높은 것에 기인하는 것으로 생각된다.

한편, 백화점의 부가가치율은 15.33%로 일반소매업과 소매업에 비해서는 낮지만, 도매업에 비하면 높은 수치를 보인다.

경영관리 분석

상품별 매출구성은 백화점의 상품진열을 어떻게 할까, 어떻게 변화시킬까에 대한 대답이 되므로 백화점 점포관리에서 중요한 위치를 차지한다. 또한 상품별 매출구성은 소비자의 소비추세 및 구매습관의 변화가 제일 먼저 드러나는 부문이다. 따라서 백화점 경영에 있어서 관심을 가질 필요가 있는 분야이다.

한국 백화점의 상품별 매출구성은 〈표 23〉에서 볼 수 있듯이 1987년 기준으로 식품류 21.3%, 잡화류 13.5%, 의류 41.3%, 가정 용품 14.6%, 가타 9.3%이다. 1986년에 비해 식품류 비중은 약간 낮아진 반면, 가정용품과 기타 품목의 판매비중은 다소 상승했다.

1987년을 기준으로 서울과 지방의 상품별 매출구성을 비교해 보면 서울은 식품류의 매출비중이 22.8%인 것에 비해 지방은 17.9%로 큰 차이를 보인다.

〈표 23〉 상품별 매출구성

(단위 : %)

	전 국		서 울		지 방	
	1986년	1987년	1986년	1987년	1986년	1987년
(식 품 류)	24.0	21.3	25.6	22.8	20.2	17.9
(잡 화 류)	13.8	13.5	13.4	13.0	14.8	14.6
(의 류)	41.0	41.3	38.0	37.3	48.2	50.5
남 성 복	13.2	14.0	12.2	12.7	15.5	17.0
여 성 복	21.0	21.7	19.5	19.7	24.6	26.2
신생아 · 아동복	6.8	5.6	6.3	4.9	8.1	7.3
(가 전 용 품)	13.4	14.6	13.5	15.0	13.2	13.7
가전제품 · 가구	7.4	8.6	7.8	9.2	6.6	7.2
주방용품 · 문구	6.0	6.0	5.7	5.8	6.6	6.4
기 타	7.8	9.3	9.5	11.9	3.6	3.3
계	100	100	100	100	100	100

자료 : 상공회의소 〈1987년도 소매업경영동태조사보고〉 1988년.

서울지역은 소비자의 식품구매 경향이 고급화 되어 고급, 건강
식품의 구매가 늘어나는 것에 비해 지방은 아직 그런 현상이
크게 나타나지 않는 것으로 해석할 수 있다.

의류를 보면 서울은 37.3%로 전년도에 비해 감소했지만, 지방
은 50.5%로 전년도에 비해 증가했다.

그것은 서울에서는 의류판매 전문점이나 할인판매점의 증가로
구매자가 의류구매시 이용하는 점포가 다양한 반면, 지방은 아직
점포 종류가 한정적이라는 것에 기인한다고 할 수 있다.

가정용품의 판매비율은 서울이 전년도에 비해 1.5%로 높아져
15.0%이고, 지방은 13.7%로 전년과 거의 같다.

기타 품목은 서울이 1986년 9.5%에서 1987년 11.9%로 증가하
였고, 지방은 1986년 3.6%, 1987년 3.3%로 계속 낮은 수준이다.

〈표 24〉 신용카드 매출현황

(단위 : 백만원, %)

	1984년	1985년	1986년	1987년	1988년	1989년
신용카드 매출액	182.839	267,734	407,249	242,324	377,521	218,740
총매출액 비중	37.5	39.0	41.5	42.7	41.4	43.4

자료 : 백화점협회 〈백화점협회보〉 각 월호.
(주) : '87, '88년은 상반기, '89년은 일사반기, 총매출액은 신용카드 취급
    점포의 매출액이다.

　이 사실은 서울지역 백화점 구매자의 구매패턴이 상당히 변화
했지만, 지방은 아직 그렇지 않다는 것을 의미한다. 따라서 서울
지역은 상품기획면에서 다양한 전략개발이 요구되는 것을 알
수 있다.

　백화점에서 신용카드(크레디트 카드)를 사용하는 비중은 1
980년 초부터 시작, 점차 증가추세에 있다. 〈표 24〉를 보면 19
84년 신용카드의 매출액은 1천 8백 28억 3천 9백만원으로, 전매
출액에서 차지하는 비중이 37.5%이었으나, 1989년에는 43.4%로
증가했다. 그러나 신용카드에 의한 매출은 백화점업계에 관리상
의 기술을 요구한다.

　또한 카드를 사용한 고객에게 클레임이 발생할 경우, 현금사용
고객보다 복잡한 과정을 거치지 않으면 안된다.

　백화점 카드는 물품구입시 할인혜택이 주어지는 것으로 고객
을 불러모으고 있다.

　또, 신용카드 사용은 일부 백화점이 실시하는 통신판매에 필수
적이라는 점에서 정보화시대의 결제수단으로써 그 중요성을
더하고 있다. 신용카드 사용은 POS시스템과 함께 활용하면 관리
상의 효율을 크게 증대시킬 수 있다.

　이상의 각종 자료는 한국경제사회정책연구원이 펴낸 《백화점

산업의 발전전망과 중장기정책과제》를 주요내용으로 한 것이
다.

4. 한국의 대중소비생활을 지탱하는 시장

시장의 역할

한국의 소매업을 이야기할 때 '시장'이란 존재를 무시할 수는
없다. '시장'이라면 외국인은 생선이나 야채시장을 상상하겠지
만, 한국의 시장은 매우 다르다.

생선이나 야채 등의 생선품(生鮮品)은 물론 의류나 잡화 등의
일상생활용품에서 전기, 가구 등의 내구품, 신사·숙녀복 및
민속의상인 치마·저고리에 이르기까지 모든 상품이 있다.

'시장'은 전국 각 도시를 중심으로 1989년 현재 1,216개소이
며, 소매업판매액의 약 80%를 차지하는 것으로 알려졌다. 최근
수년간 시장의 신장둔화가 지적되고 있으나, 의연히 압도적인
세력을 과시하고 있다.

시장은 대부분 각 도시의 중심부 가까이에 있다. 서울의 남대
문시장은 서울시의 상업중심지이며, 신세계본점이 있는 이웃의
좁은 도로에서 시작된다.

도로의 양 사이드는 저층의 연립식 건물이 이어져 있으며,
그 1층은 노점이다. 노점에는 각각의 상품이 진열되어 있다.

노점이 늘어선 양 사이드의 한가운데에는 한국식 패스트 푸드
라고 할 수 있는 포장마차식 식당이 줄지어 있다.

이 남대문시장은 연장 수 킬로미터에 달해 그 크기가 놀라울
정도다. 이곳에는 항상 혼잡하여 출입이 매우 힘든 점포도 있
다.

남대문시장은 전국적으로 인기가 있으며, 여타 시장도 같은 인기를 누리고 있다.

인기의 비밀은 무엇일까. 그것은 가격이 싸다는 것이다. 똑같은 상품을 백화점이나 상점에서 사는 것보다 20~30%가 싸다고 한다. 한국인에게 20~30%가 싸다는 것은 상당한 매력으로, 품질면에 약간 문제가 있을지라도 상관없다. 이것이 소비자의 구매심리이며 거대한 시장을 지탱하는 힘이다.

싯가보다 20~30% 싸게 팔 수 있는 비밀은 제품구입에 있다. 그 하나가 메이커의 과잉생산으로 통상 루트로는 팔 수 없게 된 재고상품을 초염가로 사들이는 것이다.

둘째는 자금사정이 좋지 않은 메이커의 상품을 싸게 구입하는 것이다.

셋째는 백화점이 독자적으로 개발하거나 구입한 상품 중 팔리지 않는 것을 염가로 사들이는 것이다.

넷째는 수입품 및 불량품의 팔다남은 잔여분을 싸게 사들이는 것으로 소위 메이커, 백화점 등의 불량재고 종착역이 시장이라고 할 수 있다. 따라서 품질면에 전혀 보증이 없으며, 소비자도 그것을 알고 있다.

시장상품이 싼 또 다른 이유는 시장이 도매기능이나 메이커 기능의 일부를 가지고 있기 때문이다.

시장건물은 1층이 노점이며, 2층에는 간단한 봉제공장을 설치, 상품을 가공, 생산한다. 또한 가공, 생산한 상품을 1층에서 파는 경우도 있다. 시장은 소매기능과 함께 도매기능을 가지고 있는 것이다.

지방의 작은 상점의 구입처는 시장이며, 시장은 그것에 대응하는 기능을 겸비한다. 중소상점의 구입시간은 새벽 2시경부터이며 일반소비자가 구입하는 시간은 오전 10시 이후이다.

이와 같이 시장은 일반대중이나 중소상점에 없어서는 안될 중요한 역할을 한다. 이 역할을 수행하는 한 시장은 급속히 쇠퇴하지는 않을 것이다.

시장이 지니는 문제점

그러나 시장은 문제점을 많이 안고 있다.

가장 큰 문제는 위생이다. 특히 생선품의 품질, 신선도에는 문제가 많다. 일본의 기준으로 보면 합격할 수 있는 점포는 거의 없다고 생각된다.

패션의류에 있어서도 문제는 많다. 백화점 등에서 불량품으로 취급하는 상품을 태연히 판매하는 한 양질의 상품을 구하기는 무리이다.

둘째는 화재`예방상의 문제다. 시장은 각 도시의 중심가 가까이에 있다. 시장 앞의 도로는 좁고, 게다가 항상 혼잡하다. 노점 건물은 목조(木造) 가건물로, 화재가 발생하면 대화재로 이어질 가능성이 높다.

셋째는 상업 전체에 대한 신용문제이다. 한국은 일반적으로 상업, 상인멸시의 풍조가 뿌리깊다. 시장상품을 신용할 수 없는 것은 정설(定說)이고, 이것이 다른 소매업자의 신용에도 영향을 미친다. 상업이란 점에서는 백화점이나 상점도 마찬가지다. 상업이 진정 사회의 신용을 얻으려면 시장의 신용을 회복하도록 노력하지 않으면 안된다. 현재 80%의 매출을 차지하는 시장의 신용없이는 상업의 신용도 없으며, 사회적 지위도 향상되지 않을 것이다.

정부는 매년 시장근대화를 부르짖는다. 시장이 한국인에게 주는 영향이 큰 만큼 근대화를 서두르지 않으면 안된다. 하지만 구체적인 처방전이 정부에는 없는 것 같다.

시장은 신라시대의 경주가 발상지로, 서기 808년에 이미 전국에 2천개나 되었다. 지금부터 1천년 전의 일이다. 이와 같이 시장은 오랜 전통 속에서 뿌리를 내렸다. 때문에 시장근대화가 그리 간단히 될 수는 없을 것이다. 그러나 시장 근대화 없이 상업근대화도 없다는 것만은 확실하다. 정부, 민간인 할 것 없이 다함께 조속히 시장근대화에 힘쓰지 않으면 안된다.

5. 신장둔화의 슈퍼마켓

한국의 1990년 슈퍼마켓의 총매출액은 6조원, 신장률은 전년 대비 12.6%, 전전년 대비 2.1%였다.

같은 해 백화점의 매출액은 5조 2천억원, 신장률은 27.4%. 그 전년이 11.0%이므로, 이에 비하면 슈퍼마켓의 매출액, 신장률이 낮은 것을 알 수 있다. 일반적으로 총매출액이 적으면 신장률은 높아지는데 신장률까지 낮다는 것에 한국 슈퍼마켓의 문제가 있다.

슈퍼마켓의 총점포수는 1990년의 1만 3천 6백 24점, 신장률은 전년 대비 19.4%였다. 대부분이 가맹점이며, 직영점은 377개점에 불과하다. 가맹점의 최대업체는 한남(韓南)으로, 1990년 3천 50점, 이 가운데 직영점은 12점. 직영점이 압도적으로 적은 것이 한국 슈퍼마켓의 특징이다. 점포 규모는 점포당 평균면적이 66.3평으로, 이것도 과거 3년간 거의 신장되지 않았다.

가장 많은 점포규모는 20~50평으로 전체의 39%, 다음이 5~20평으로 24%, 그 다음이 50~1백평 이하이며, 1백평 이하의 점포가 전체의 80%를 차지한다. 3백평 이상의 점포는 불과 3%이므로, 얼마 만큼 한국 슈퍼마켓의 규모가 작은지 알 수 있다. 일본의 CVS(생활편의점) 정도의 점포규모 밖에 되지 않는 슈퍼마켓이 전체의 약 50%를 차지한다.

또한 기업별로는 매출액, 점포수 모두 한양유통이 1위를 차지하고 있으며, 1990년도 매출액은 2천 15억원. 전년대비 29.2%의 높은 신장률이다.

다음으로 LG유통(럭키금성 그룹)의 1천 7백 50억원, 33.7%의 신장률이었다. 3위가 농심가(農心街)로 1천 1백 47억원, 신장률 20%, 4위는 해태유통 1천 50억원, 신장률 32.2%. 이상 4개사가 1천억원 이상의 매출액을 지닌 기업으로, 신장률도 높다〈표 25(3)〉.

한국 전체의 슈퍼마켓 신장률은 낮지만, 상위 기업의 신장률이 높은 것을 보면 아직 슈퍼마켓의 신장요소는 충분하다고 할 수 있다.

또한 부문별 매출구성비에서는 압도적으로 가공식품이 많으며 (55.7%), 생선품(生鮮品)은 적다(24.1%). 여기에도 슈퍼마켓이 신장하지 못하는 원인이 있다〈표 25(5)〉.

슈퍼마켓의 문제점

내 눈에 비친 한국 슈퍼마켓의 실정은 어떠한가. 일본 슈퍼마켓에 비해 어떻게 다른지 살펴보자.

약간은 객관성이 결여되었을지도 모르지만, 한국 슈퍼마켓을 관찰하는 데는 참고가 될 것으로 확신한다.

1) 상품 구성상의 문제가 많다

우선 상품 구성상의 문제다. 슈퍼마켓의 중요한 역할인 생활필

수품에 있어서는 일단 상품진열은 갖추어졌다고 볼 수 있다.
생선품·부식물·가공식품·일용잡화 등 일상의 식생활품은
대강 갖추어져 있지만, 대형점이든 소매점이든 거의 같은 상품구

〈표 25〉 한국 슈퍼마켓 현황

(1) 슈퍼마켓 점포수　　　　　　　　(( ))은 직영점수)

업체 / 연도	'86년	'87년	'88년	'89년	'90년
경 기 현 대 화					
경 남 슈 퍼	601	532	617(2)	683(3)	724(6)
경 남 유 통	67(4)	137	151(5)	155(5)	163(6)
경 북 근 대 화	378(1)	365(5)	332(5)	329(6)	299(7)
경 　 인				101	116
그 랜 드	196	169	143	140	143
금 　 강	12(12)	12(12)	11(11)	10(10)	10
농 심 가	41(41)	1,511(43)	1,506(47)	1,049(51)	1,430(51)
뉴 코 아	16(15)	15(15)	14(14)	14(12)	14(12)
동 　 양	198	173	195	183	281
대 　 구	53(6)	52(6)	55(7)	58(9)	56(10)
대 　 진				163	207
라 이 프	22(22)	22(22)	17(17)	16(16)	15(15)
미 도 파	26(5)	31(4)	28(4)	32(6)	37(7)
미 화 당	48(29)	61(31)	141(34)	127(34)	157(33)
부 산 근 대 화	646(16)	653(18)	696(20)	600(20)	533(19)
사 레 가	5(5)	5(5)	4(4)	4(4)	4(4)
삼 　 양	899(13)	975(11)	971(10)	948(10)	1,020(10)
삼 　 호	4(4)	4(4)	4(4)	4(4)	8(8)
새 생 활	133	167	145	152	108
새 시 대	307(5)	364(5)	291(5)	409(5)	422(4)
생 　 필	268	118	116	119	120
서울슈퍼체인	200	346	386	´442	300
서 울 체 인	202	235	181	183	193

(1) 슈퍼마켓 점포수(계속)

업체 / 연도	'86년	'87년	'88년	'89년	'90년
서　　　원					243(28)
서　　　광	22(14)	26(15)	30(16)	37(17)	41(51)
수 원 근 대 화				141	141
시　　　장	78(1)	76(1)	79(1)	86	96
우　　　성	11(11)	10(10)	9(9)	10	10
전　　　북	115(1)	137(1)	111(1)	124(1)	107(1)
체　인　팝	234	222	229	295(1)	263(1)
한　　　남	2,886(10)	2,928(13)	2,958(13)	3,015(13)	3,050(12)
한　　　양	52(52)	58(58)	56(56)	56(56)	45(45)
한　　　영	281	206	206	217	217
현　　　대				183	170
해 태 유 통	30(30)	34(11)	38(11)	40(11)	44(11)
호　　　남	520	400	420	61(10)	451(1)
화　　　니	10(11)	10(11)	11(11)	14(10)	25(10)
화　　　성	31(20)	33(22)	32(31)	29(20)	26(19)
L　　　G	32(16)	1,031(19)	1,148(25)	1,174(29)	1,384(34)
천　　　우					168(7)
제 주 근 대 화					466(1)
새서울홈마트					115
합　　　계	8,624	11,117	11,331	11,403	13,624
직영점수 계	(344)	(342)	(363)	(354)	(377)

(2) 슈퍼마켓 매장 면적　　　　　　　　(점포당 평균매장면적 : ㎡)

구　　　분	'88년	'89년		'90년	
	매장면적	매장면적	증 가 율	매장면적	증 가 율
전　　　국	212.3	216.7	2 %	219.1	1.1 %
서　　　울	218.6	218.6	0 %	224.4	2.7 %
지　　　방	206.5	215.0	5 %	216.0	0.4 %

(3) 슈퍼마켓 매출 현황

('90년 12월말 현재, 단위 : 억원)

No.	체 인 명	'90년	'89년	증감률	No.	체 인 점	'90년	'89년	증감률
1	경기현대유통	23	26	-11.5	24	서울 슈퍼체인	31	3	—
2	경기현대화체인	45	40	12.5	25	서원유통	501	366	36.9
3	경남슈퍼	146	117	24.8	26	서울체인	69	62	11.3
4	경남유통	125	115	8.7	27	서광슈퍼체인	93	78	19.2
5	경북근대화체인	78	72	8.3	28	수원근대화	66	53	24.5
6	경인체인	29	28	3.6	29	시장슈퍼체인	60	59	1.7
7	그랜드유통	35	30	16.7	30	LG유통	1,750	1,309	33.7
8	금강개발	857	692	23.8	31	우성유통	272	210	29.5
9	농심가	1,147	957	19.9	32	전북슈퍼체인	40	31	29.0
10	뉴코아	534	439	21.6	33	제주근대화체인	50	45	11.1
11	대구백화점	571	447	27.7	34	천우유통	62	52	19.2
12	대진유통	47	38	23.7	35	체 인 팝	31	125	4.8
13	동양유통	54	48	12.5	36	한국생필체인	67	78	-14.1
14	라이프유통	310	299	3.7	37	한남체인	839	647	29.7
15	미도파	337	301	12.0	38	한양유통	2,015	1,559	29.2
16	미화당	501	404	24.0	39	한영	69	59	16.9
17	부산근대화	218	194	12.4	40	해태유통	1,050	794	32.2
18	새나라	116	110	5.5	41	호남체인	70	63	11.1
19	삼양유통	430	384	12.0	42	화니	251	220	14.1
20	삼호유통	108	88	22.7	43	화성산업	617	516	19.3
21	새생활체인	53	50	6.0					
22	새서울홈마트	36	30	20.0		〈합 계〉	13957	11315	23.3
23	새시내체인	54	49	10.2					

(4) 슈퍼마켓 연도별 매출액과 신장률

(단위 : 천원)

'88년	'89년		'90년	
매 출 액	매 출 액	신 장 률	매 출 액	신 장 률
503,805	541,322	2.1 %	609,448	12.6 %

(5) 매상 구성비

구 분	'88년	'89년	'90년
(식 품 류)	(80.1)	(81.5)	(82.7)
생 식 품	21.8	23.2	24.1
가 공 식 품	56.1	55.6	55.7
건 어 물	2.2	2.7	2.9
비 식 품 류	(19.9)	(18.5)	(17.3)
계	100	100	100

(6) 규모별 점포 상황

면 적(평)	업 체 수	점 유 율(%)
5~20	2,621(1)	24.21(0.24)
20~50	4,262(13)	39.37(3.20)
50~100	1,864(87)	17.22(21.42)
100~150	662(92)	6.11(22.66)
150~200	515(69)	4.75(16.99)
200~300	601(86)	5.55(21.18)
300~500	244(35)	2.25(8.62)
500~1,000	38(16)	0.35(3.94)
1,000 이상	17(7)	0.15(1.72)
	10,824(406)	100(100.000)

(7) 종업원수별 점포상황

종 업 원 수	업 체 수	비 중
3명 이하	2,840(3)	43.20(0.98)
3~10명	3,306(114)	50.28(37.25)
10~20명	380(149)	5.78(48.69)
20~30명	29(23)	0.44(7.51)
30~50명	11(9)	0.16(2.94)
50명 이상	8(8)	0.12(2.61)
계	6,574(306)	100(100.00)

성이다. 실은 이점도 문제이다.

대형점이라면 공간이 충분하므로 여러 상품을 진열할 수 있다. 식생활 다양화에 대응할 수 있는 상품진열도 가능하다. 그러나 대형점의 상품진열도 소형점과 거의 같아서 상품공간을 넓게 한 것에 불과하다. 따라서 애써 대형점에 간다해도 아무런 메리트가 없다. 이점이 한국 슈퍼마켓이 대형화 되지 못하는 원인이라고 할 수 있다.

슈퍼마켓의 머천다이징(Merchandising)에서 가장 중요한 것은 선도(鮮度)관리이다. 매일 식탁에 오르는 상품을 파는 만큼 좋은 선도를 유지하는 것이 슈퍼마켓의 생명이라 할 수 있다. 이 점이 현재 한국의 슈퍼마켓에서 최대문제가 되고 있다.

생선3품(고기・생선・야채)의 선도는 아무리 호의적으로 보더라도 합격점을 줄 수 없다. 일본의 관리기준으로 보면 대부분이 불합격이다. 특히 선도가 좋지 않다.

한국의 식습관이 일본처럼 생선을 날 것으로 먹는 것은 아니지만 너무나 지나치다. 생선의 선도관리는 명확한 기준이 필요하며, 그것을 유지하기 위해서는 시스템 관리에 착수하지 않으면 안된다.

과거 일본도 초기에는 선도관리가 허술했다. 그러나, 하나하나 기준을 만들어 기업의 시스템화에 착수하여 지금은 대부분의 기업이 수준 이상의 선도관리를 할 수 있게 되었다.

이것이 사회적으로 인정을 받아 신용을 얻었다. 한국 생선품의 선도는 이점에서 소비자에게 아직 충분히 인정받지 못하는 것으로 생각된다. 라이벌인 시장과 그다지 차이가 없는 슈퍼마켓도 많다. 그것이 시장과 차별화 될 수 없는 원인이기도 하다.

머천다이징의 두번째는 품질관리이다. 선도관리와 밀접한 관계가 있어 끊을래야 끊을 수 없다. 품질관리면에도 큰 문제가 있다. 품질 표시대로 상품을 팔지 않아 아직도 사회문제가 되고 있다.

얼마 전에도 어느 백화점에서 팔던 갈비가 쇠고기와 돼지고기를 섞은 것이라는 믿을 수 없는 사실이 신문을 장식하였다. 원인은 메이커에 있었다. 더우기 그 메이커는 대기업으로, 소매점 (슈퍼마켓 포함)에도 납품하고 있었다. 요컨대 이 메이커의 갈비는 어디에서나 팔렸던 것이다.

이와 같은 품질문제는 아무리 정부측에서 단속한다고 해도 좀처럼 효과가 없다. 메이커가 납품한다고 해서 소매점에 책임이 없는 것은 아니다.

소매점에서 품질관리를 체크하도록 제도화 해야 할 것이다. 사전 체크, 그러한 메이커의 상품을 발붙이지 못하도록 하지 않으면 고객의 신뢰는 얻지 못한다.

머천다이징의 세번째는 가격정책이다. 슈퍼마켓은 저렴한 가격이 포인트다. 과거 일본에서도 매우 저렴한 가격으로 시작되었다. 그것이 슈퍼마켓 급성장의 요인이었다.

그러나 한국 슈머마켓의 가격은 다른 대형점, 백화점과 같다. 같은 상품이 백화점과 같은 가격이라면 굳이 슈퍼마켓에서 살 필요가 없다.

왜 이와 같이 가격이 설정되는 것일까. 슈퍼마켓 시스템은 백화점 시스템과 크게 다르므로, 셀프 서비스를 중심으로 하는 생력화(省力化)·효율화(效率化)·시스템화가 이루어지지 않으면 결국 백화점이나 일반 소매업과 같은 가격이 될 수 밖에 없다. 일부 대형 슈퍼마켓을 제외하고는 이러한 실정에 놓여 있다.

슈퍼마켓은 생력화에 의해 코스트다운을 도모하고 이를 가격에 반영하는 것이 기본이다. 그렇게 될 수 없는 체질에 큰 문제가 있는 것이다.

머천다이징의 네번째는 상품 구색이다. 상품 구색은 그 나라의 식생활을 반영한다. 한국인의 식생활을 보다 풍부롭고 즐겁도록 만드는 것이 슈퍼마켓의 역할이다.

과연 한국의 슈퍼마켓은 '보다 풍부한 음식재료'를 제공한다고 할 수 있을까. 신선도가 강조되는 생선 및 부식 등의 상품진열을 보면 무언가 부족함을 느낀다. 이것이 생선품의 매출 구성비를 낮추는 원인이다.

슈퍼마켓의 상품진열에서 가장 중요한 것은 생선품의 다양한 진열이며, 이것의 매출구성비가 높아지지 않으면 슈퍼마켓이 사회적 역할을 다한다고 할 수 없다. 생선류나 반찬 등은 슈퍼마켓이 아닌 다른 점포에서 사는 것이 일반적인 한국의 실정이다.

시장에 가면 야채를 비롯한 모든 생선품이 다량으로 싸게 팔리고 있다. 선도나 품질에 문제가 많다고는 하지만 대부분의 소비자가 시장에서 구입한다.

이와 같이 슈퍼마켓에 있어 머천다이징의 문제는 많다. 대부분 본질적인 문제이다. 아직 한국에는 본질적 머천다이징 문제를 해결한 슈퍼마켓은 없다고 할 수 있다. 이점이 한국 슈퍼마켓 정체의 최대 원인이다.

2) 점포 설치에도 아직 문제가 많다

슈퍼마켓은 셀프 서비스를 전제로 집중금전출납과 일방통행의 주통로 설정 및 생선3품(쇠고기, 돼지고기 등 육류, 생선, 야채)은 벽면에, 매장 중앙에 가공식품 및 일용 잡화품을 배치하는 것을 기본으로 한다. 이벤트 코너를 설치하는 것도 중요한 포인트이다.

대부분의 슈퍼마켓은 이렇게 시행하고 있다.

점포 설치의 기본을 이해하는 것 같지만, 자세히 살펴보면 문제점이 많다. 매장은 우선 깨끗해야 한다. '깨끗하다'는 것은 청소 뿐만 아니라 고객을 맞이해도 부끄럽지 않은 매장체제를 말한다.

상품보충, 상품정리, 진열, POP(상품설명 카드)의 부착 등 기본적인 매장체제를 갖추었는가가 중요하다. 이점에 있어서는 일부 우수기업을 제외하면 전혀 갖추어져 있지 않다.

우선 청소에 있어서는 바닥이 더럽거나 골판지를 방치해둔 점포, 선반이 더러운 점포, 상품에 먼지가 덮인 점포 등 '청결' 하지 못한 점포가 아직 많다. 점포설치 이전의 문제이며, 기본상 식이 결여되어 있다.

둘째는 상품 진열방법이다. 일단 기본적으로 고객이 보기 쉽도 록 진열하는 것은 철저하다. 상품의 대량 진열, 품목 세분화 진열 등은 수준급이다. 문제는 내용이다. 예컨대 상품을 진열하는 기준이 없다. 관련이 전혀 없는 상품이 한 곳에 진열되어 있는 매장이 많다. 상품진열은 하나의 테마에 기초를 두고 관련상품으 로 구성해야 함에도 불구하고 아직 거기까지는 이르지 못한 슈퍼 마켓이 대부분이다. 메이커별로 상품구성을 하기 때문이다. 이는 메이커 중심의 상품진열로, 소비자를 무시하는 것이라고 할 수 있다.

셋째는 생선품 작업장 문제이다. 야채나 고기는 각 점포별로 가공·포장한다. 따라서 작업장은 넓어야 하며, 작업하기 쉽지 않으면 안된다.

또 생선품은 한꺼번에 많이 만들 수 없기 때문에 될 수 있는 한 매장과 가까운 곳이어야 한다. 우선 작업에 필요한 용구류· 기계류의 정비와 이들의 효과적인 배치가 필요하다. 요컨대 작업

공정을 고려한 작업장이어야 한다.

이점에서 한국의 대부분 슈퍼마켓은 불합격이다. 우선 작업장이 좁고 옹색하여 작업하기가 어렵다. 물을 많이 사용함에도 불구하고 배수가 좋지 않다. 바닥이 울퉁불퉁하여 상품을 운반하는데 불편한 것 등 기본적인 것이 구비되어 있지 않다.

작업장은 한번 설치하면 나중에 변경하기 어렵다. 따라서 새로 점포를 만들 때 어떻게 설치할까를 고려, 설계하지 않으면 안된다. 이점이 충분히 검토된 슈퍼마켓은 매우 적다.

넷째는 점포 이미지이다. 슈퍼마켓은 저렴한 가격이 전제지만, 깨끗하고 쾌적한 이미지의 창출이 포인트이다. 한국 슈퍼마켓의 이미지는 여러 가지다.

일반적으로 외관은 화려하지만 내부는 검소하다. 요컨대 외관은 돈을 들여 호화롭게 장식하지만, 내장은 거의 돈을 들이지 않는다. 한국의 슈퍼마켓은 그 나름대로 훌륭한 것이 많다. 그러나 세월이 지나면 금새 노후화 된다. 노후화는 피할 수 없으므로 일정기간이 지나면 다시 수리하여 노후화를 막지 않으면 안된다. 그러나 한국의 슈퍼마켓은 노후화 되어도 그대로 버려두는 점포가 대부분이다. 색바랜 내·외장, 노후화로 벗겨지거나 파손된 바닥재, 벽, 집기 등을 볼 수 있다. 노후화 된 점포에서는 아무리 상품 선도가 좋아도 고객의 눈에는 오래된 것으로 보인다. 정기적으로 새로운 단장이 필요하며, 이는 점포 이미지로서만이 아니라 머천다이징의 재점검에 있어서도 중요하다.

점포의 대형화가 중요

한국 슈퍼마켓의 점포 규모가 작다는 것은 이미 밝힌 바와 같다.

현재 일본 슈퍼마켓의 표준 타입이 3백 50~4백평으로, 특히 1천평 규모의 대형 슈퍼마켓에 비하면 상당히 작다. 각 나라마다 마켓 특성이 있으며 점포 규모도 그것에 좌우된다. 그만큼 한국의 식생활품을 만족시킬 만한 점포가 되기에는 현재의 규모로 충분치 못한 것이 아닐까.

50~60평의 점포로는 식생활의 기본 부분은 대응이 되지만, 풍부한 식생활용품에 대응할 수 있다고는 볼 수 없다.

앞으로 새로운 상품인 부식품이나 매일 배달하는 식품, 인스토어 베이커리, 작업하기·쉬운 생선 저장고(작업장 포함)를 과연 소규모 점포에 갖출 수 있을까. 슈퍼마켓의 근대화는 우선 점포의 대형화부터 시작하지 않으면 안된다. 그 규모가 어느 정도냐 하는 것은 한국의 마켓, 식생활용품 내용을 분석한 다음 결정해야 할 것이다. 나는 슈퍼마켓의 매장면적으로는 2백평 정도가 적정면적이라고 생각한다.

판매원 문제—파견 점원은 무엇 때문에 필요한가?

한국의 슈퍼마켓에는 판매원이 많다. 판매원에는 자사 사원과 파견점원이 있다. 그 비율은 7 : 3이 보통이지만, 이 가운데는 50 % 이상이 파견점원인 슈퍼마켓도 있다.

슈퍼마켓의 본질은 셀프 서비스로 생력화(省力化)·생인화(省人化)한 것에 있다. 될 수 있는 한 적은 사람으로 판매할 수 있는 체제를 갖추어야 한다.

한국도 사원수만을 보면 거의 일본과 비슷하지만, 파견점원이 지나치게 많다(일본은 거의 없음). 파견점원은 자사의 경비는 들지 않지만, 메이커측 경비이므로 메이커의 납품가격에 영향을 미친다. 요컨대 소매점의 상품가격에 포함되기 때문에 소매점이

부담하는 셈이 된다. 때문에 상품가격이 비싸지거나 영업 이익률이 낮아진다.

진정 수퍼마켓이 유통혁명을 목표로 소매가격을 싸게 하려면, 파견점원을 모두 없애는 대신 그만큼 납품 원가를 저렴한 가격이 되도록 교섭해야 한다. 이를 실행하지 않는 한 슈퍼마켓의 근대화는 이루어질 수 없다고 해도 과언이 아니다.

한국도 지금은 일손이 부족하다. 일손 부족은 소매업에서 가장 심하다.

상업에 대한 한국인의 인식은 아직도 개선되지 않았다. 그 때문에 소매업에 취업하는 사람이 적다.

'상인은 교활하다' '사람을 속이는 것이 장사다'라는 소비자들의 인식을 타파하기 위해서는 품질과 선도가 좋고 합리적인 가격으로 상품을 제공하는 슈퍼마켓의 설립이 필요하다.

과거 미국의 한 어머니가 아들의 방이 어지럽혀진 것을 보고 꾸짖어 말했다.

"시어즈 슈퍼마켓의 매장을 보고 배워라. 얼마나 깨끗이 정리 정돈되어 있는가를"

이와 같은 슈퍼마켓의 출현만이 슈퍼마켓의 근대화라고 할 수 있다. 이것이 한국소매업 혁명에도 이어져 소매업의 사회적 신용을 보장받게 될 것으로 믿는다.

6. 컨비니언스 스토어

한국의 컨비니언스 스토어(생활편의점, CVS)는 현재 13개 기업, 총점포수 151개(91년 8월 현재)이다.

이 가운데 외국기업과 제휴는 세븐일레븐 등 6개 기업이며, 나머지 7개 기업은 한국이 독자개발한 것이다. 이중에는 기존

유통업에서 참여한 업체도 있고, 이업종(異業種)에서 참여한 업체도 있다. 외국기업과 제휴선은 1993년의 유통자유화를 앞두고 일찍 발을 내디딘 것으로 앞으로의 움직임이 주목된다.

CVS는 '필요할 때 필요한 상품을 손쉽게 살 수 있다'는 편리함을 캐치프레이즈로 필수품을 제공한다.

장시간 영업과 선도, 품질에서 지금까지의 '시장'과는 다른 편리성을 발휘, 인기를 끌고 있다.

고객은 젊은층, 아베크족, 샐러리맨 등으로 거의 일본과 같다. 잘 팔리는 상품은 과자, 인스턴트 라면, 음료수 등이다.

주요기업의 개요는 다음과 같다. 한국의 서클K와 미국의 서클K가 제휴한 서클K 코리아(본사 서울)는 89년 10월부터 출점했다.

1년간 서울 시내에 3개의 직영점을 개점하여 평균 1일매출액 350만원으로 호조를 보이고 있다. 이에 자신을 얻어 92년까지 세자리 숫자의 출점을 목표로 하고 있다.

다점포 전개를 목표로 하는 것은 서클K만이 아니다. 세븐일레븐의 코리아세븐도 마찬가지.

단숨에 다점포 전개를 꾀할 계획이었지만, 모회사인 미국 세븐일레븐이 영업부진으로 세븐일레븐 재팬(일본)에 양도함으로써 출점의욕을 상실하였다.

로손과 제휴한 태인유통도 2~3년 이내에 세자리 숫자의 출점을 목표로 하는 것으로 알려졌다.

일본의 훼미리 마트와 제휴한 보광이 1990년 10월에 1호점을 개점했다. 이미 27개 점포를 설립, 2~3년안으로 1백개 점포를 달성할 계획이다. 럭키금성은 독자적으로 'LG25'란 상호로 현재 12개 점포를 전개 중이다. 그 외는 아직 몇 개 점포에 불과하다.

미국계·일본계의 점포면적은 약 1백㎡에서 2백㎡가 중심이

〈표 26〉 한국 컨비니언스 현황

상 호 명	회 사 명	모 기 업	제 휴 사	점포수
Seven Eleven	동 화 산 업	코리아제록스	미 South Land	20
Lawsons	태 인 유 통	(주) 샤 니	미 Dairy Mart	27
Family Mart	보 광	보 광	일 Family Mart	27
Mini Stop	미 원 통 상	(주) 미 원	일 Mini Stop	24
Circle K	서클케이코리아	한 국 화 약	미 Circle K	21
Spar	미 도 파	(주) 대 농	Netherland Spar	6
L G 25	L G 유 통	럭 키 금 성		12
By The Way	동 양 마 트	동 양 제 과		7
Love M	매 일 유 업	매 일 유 업		2
Time Reach	한 성 기 업	한 성 기 업		2
Viva	삼 미 유 통	삼 미 유 통		1
One Stop	개 인	개 인		1
C Store	개 인	개 인		1
합계	모두 13업체 151점포			

('91년 8월 현재)

다. 연중 무휴, 24시간 영업을 기본으로 식료품, 음료, 잡화 등 1천 7백~3천 품목을 취급한다. 기본 체제는 일본과 거의 비슷하다.

한국 소비자는 일상용품을 살 경우 가까운 중소상점, 시장, 슈퍼마켓 등을 이용한다. 그러나 영업시간 및 위생·품질 문제 등으로 CVS에서 쇼핑하는 사람들이 늘고 있다. 최근에는 직업 여성증가, 소비생활의 다양화, 소득향상 등의 사회적 배경도 CVS에 유리하게 전개된다.

"출근전에 샐러리맨이 자주 김밥이나 샌드위치를 사간다" "깨끗하고 밝은 점포에서 쇼핑하려는 사람이 늘고 있다"고 전해 진다. 각사 모두 매출상태는 호조. 코리아세븐은 개점 4개월째에 점포단계의 수지가 채산과잉으로 이어졌다고 한다.

점포에는 직영점과 가맹점이 있으나 가맹점의 실적이 좋다. 때문에 각사 모두 앞으로 가맹점에 주력할 것으로 보인다.

세계의 CVS 대회사들은 대부분 한국에 동시에 등장하였다. 앞으로는 각자 노하우를 구사, 다점포를 전개할 것으로 보인다.

CVS는 소매업 가운데 가장 표준화가 쉬운 시스템산업이라고 한다. 노하우를 축적하기만 하면 간단히 2백~3백 점포의 출점도 가능하다.

한국 유통근대화를 저지하는 것은 시장으로, 경영방법은 CVS와는 대조적이다. CVS의 성장은 멀지않아 시장의 비근대적 영업방법의 변혁을 촉진시킬 것이다.

7. 기타 소매업

양판점

한국의 양판점(GMS)은 도대체 어떠한 것일까. 백화점, 슈퍼마켓, CVS는 정도의 차이가 있지만, 이미 소비자에게 인식되어 있다.

'양판점은 지금까지 몇 번인가 생겼었지만 이내 도산했다. 한국 실정에 양판점이 맞지 않는건 아닌가'라는 소리가 높다. 한국 유통업의 전문가일수록 그렇게 생각한다. 그러나 이러한 사고방식은 매우 잘못된 것이다.

지금까지 양판점다운 점포는 있었지만 제대로 성공한 예는 하나도 없다. 어느 사이엔가 백화점으로 변하였다.

서울에 있는 양판점다운 점포, 예컨대 롯데가 롯데월드 옆에서 운영하는 '슈퍼 백화점', 그 인근의 한양쇼핑 등은 모두 실적이 좋지 않다.

따라서 이 두 점포를 진단해보면 표면적으로는 양판점다운 분위기가 있다. 셀프 서비스 판매 중심으로 대량진열이 많으며, 고액상품은 적다. 백화점처럼 호화스런 설비도 아니다.

매장 전체의 전망이 좋은 점 등 일본 초기의 양판점 같은 분위기이다.

그러나 일본의 양판점과 결정적으로 다른 것은 상품가격정책이다. 양판점의 상품가격과 백화점의 상품가격은 거의 차이가 없다. 또한 식품의 품질선도도 비슷하고 가격도 같으며 판매방법도 비슷하다. 다르다면 매장투자로 백화점은 호화스럽지만, 양판점은 수수하다는 것이다. 이같은 상황이라면 분위기 좋은 백화점에서 쇼핑하는 것이 당연하다.

의류품은 상품진열에 문제가 많다. 양판점에 있는 중급품은 시장에도 얼마든지 있으며 오히려 종류가 많다. 게다가 시장에서 살 경우 가격이 20~30% 싸므로 굳이 양판점에 갈 필요가 없다. 가까운 시장으로 충분하다. 양판점에는 고객이 필요로 하는 중급품이 없다. 이는 한국의 도매업, 메이커 개발의 문제이다.

고급품이나 초염가 상품은 각각 메이커가 대응하고 있다. 중급품을 적극적으로 개발하는 메이커는 너무 적다.

또 하나의 큰 문제는 양판점에도 파견점원이 많다는 것이다. 앞에서 슈퍼마켓도 파견점원이 많다고 지적했지만 양판점에는 더욱 많다.

양판점의 기본형태는 판매경비를 될 수 있는 한 낮추어 판매원을 최소화 하려고 노력해야 한다. 파견점원은 자사경비가 들지 않는다 하더라도 상품원가에 포함된다.

이와 같이 한국의 양판점은 기본적인 형태가 전혀 갖추어져 있지 않다. 단지 표면적인 매장설립만을 모방해서는 아무리 세월이 흘러도 본격적인 양판점 구축은 불가능하다.

현재 한국의 대중은 구매력을 갖고 있으나 시장상품만으로는 만족을 못한다. 그렇다고 백화점에서 일상생활품을 매일 살 정도로 여유가 있는 것은 아니다. 그 중간을 채워줄 수 있는 상품을 제공하는 점포, 요컨대 양판점다운 양판점을 갈망하고 있는 것이다.

연금매장

한국에는 여러가지 연금매장이 잇다. 연금매장에서 사면 시중가격보다 약 20％가 싸다. 연금매장은 식품을 비롯한 여러 가지 일상생활품이 중심이다. 주문하면 대부분의 상품을 구입할 수 있는 체제가 갖추어져 있다.

연금매장은 자신이 근무하는 가족의 소비생활에 도움을 줄 목적 아래 설립된 것으로 현재 공무원 연금매장, 시립교원 연금매장, 가톨릭회원 연금매장, 운전사협회 연금매장, 농협 연금매장, 축산 연금매장 등 모든 산업에 걸쳐 있다. 각 연금매장마다 한정회원으로 매출이 오르지 않아 어느 사이엔가 일반인들에게까지 상품판매가 허용되었다.

이 때문에 일반상점이나 슈퍼마켓, 백화점 등이 영향을 받아 정부에 시정조치를 요구하고 나섰다. 그렇지만 연금매장의 우대조치는 앞으로도 계속될 것으로 보인다.

그러나 여기에도 예외는 있다. 연금매장은 아니지만 같은 목적으로 만든 것이 농산물 집배센터다.

농민의 소득은 도시 노동자의 소득보다 훨씬 적다. 이 격차를 해소하기 위해 농민이 직접 판매할 수 있는 곳을 만들었다.

이와 같이 한국정부는 일반대중의 소비생활에 도움을 주기

위해 여러 소매정책을 펼치고 있다. 그러나 과연 이같은 정부로
부터의 통제가 좋은 결과를 낳을지 어떨지는 의문이다. 어정쩡한
통제가 오히려 자유경쟁의 장점을 앗아가는 것은 아닐지.

이밖에 메이커의 직영점이 입지를 골라 개점하고 있다.

젊은이와 고액소득층을 견양한 점포가 서울의 강남을 중심으
로 모여들고 있다. 상품이나 점포 등은 일본의 고급 부티크와
거의 차이가 없다. 이러한 패션 부티크나 고급백화점을 보면
한국의 소매업도 선진국 수준에 달한 것처럼 느껴진다.

그러나 한편으로 슈퍼마켓의 신장 둔화, 양판점 부재, 시장문
제 등을 보면 소매업 전체의 근대화는 아직 뿌리를 내리지 못했
다고 생각된다.

한국을 '외화내빈(外華內貧)'의 나라라고 한다. 소매업에 있어
서도 화려한 이미지의 백화점 경영에는 관심을 갖지만, 땀 흘리
는 노력이 필요한 슈퍼마켓이나 양판점은 귀찮은 존재로 여긴
다. 이 점은 단지 국민성에 기인하는 것으로만 생각할 문제는 아
니다.

소매업의 사명은 국민생활의 향상을 위해 역할을 다하는 것이
다. 그러므로 그 역할을 짊어지는 것이 슈퍼마켓이나 양판점이라
고 해도 과언은 아니다.

후   기

본서는 내가 일본 경제신문사에서 발간하는 최초의 저서이다. 그런만큼 힘을 들이고 정성을 들여서 기술했다. 내용도 전문서와 일반서의 중간을 택해 다소 쉽게 써 보았다.

또, 유통업계의 큰 흐름에서부터 사소한 문제점에 이르기까지, 독자들이 대국적(大局的)으로 틀림없이 이해할 수 있도록 하고저 노력했다.

본서의 제 1 부와 제 2 부, 그리고 제 3 부는 5월달에 쓴 것이다. 6월달에 들어서 보름 남짓 유럽을 순방했는데, 제 1 부에서 제 3 부까지의 내용 가운데 특히 마음에 걸리는 점이나, 다소 의문이 남는 점에 대해서는 주로 독일에서 충분히 해명되었다. 물론, 이번의 유럽 순방은 경영 컨설턴트로서의 업무를 겸한 것인데, 꼭 이 의문점과 문제점의 해명만을 목적으로 간 것은 아니었지만, 덕분에 본서의 논지(論旨)에 대해 자신감을 굳히고 돌아올 수 있었다. 그리하여 그것을 정리한 것이 제 4 부이다. 오랜만에 만족스러운 저서가 된 것 같다.

나는 지금까지 항상 현실에서 배우고 이것을 이론화 해 왔다. 역사를 좋아하지만, 일본인의 특성인지 모르나 과거적 사고는 그다지 한 적이 없다. 또 미래 예측에 대해서도 가능한 한 상식적이고 확신할 수 있는 범위를 벗어나지 않았다. 물론 내 상식과 세간의 상식에는 꽤 차이가 있었는데, 지금까지는 나의 상식적인

발상이 더욱 유용했던 것 같다. 본서도 같은 사고방식으로 논리
를 전개, 정리했다.

　본서의 내용에 대한 독자 제위의 비판과 교시를 간절히 바란
다.

　언제나 그렇거니와 한 권의 책을 끝냈을 때 느끼는 불만과
근심이 몸과 마음에 스며 든다. 전력투구를 한 후에 느끼는 쓸쓸
함, 이것은 한량없이 즐거운 것이다.

　일본의 유통업계의 발전을 염원하면서 이만 펜을 놓는다.

저자 씀

저자약력───────────────────

• 1933년 오오사카에서 출생. 교토대학 졸업.
• 일본 산업심리연구소 연구원. 일본 매니지먼트협회 · 경영 컨설턴트.
  경영지도부장 이사 등을 거쳐 1970년 (주) 일본 마아케팅센터 설립.
• 현재 후나이그룹(후나이총합연구소) 총수
• 경영 컨설턴트로서는 세계적으로 제1인자. 고문으로 있는 기업체만도
  유통업의 과반이 넘는 대기업체를 중심으로 약 1,300사. 지난 10년간
  후나이의 지도로 매상이 90배 이상, 이익이 180배 이상 성장한 기업은
  100개사 중 60개사로서 그 중 도산된 회사는 하나도 없음.
• 주요저서 〈성공의 노하우〉〈인간시대의 경영법〉〈성공을 위한 인간
  학〉〈21세기 경영법칙 101〉〈패션화시대의 경영〉〈매상고 향상 비법〉
  〈베이식 경영법〉〈신유통 혁명〉〈유통업계의 미래〉등 다수.

개정판 2021년 9월 30일
발행처 서음미디어(출판사)
등록 2009. 3. 15 No 7-0851

서울特別市 東大門區 新設洞 114의 7
Tel 2253-5292
Fax 2253-5295

企 劃
李 光 熙
發行人
李 光 熙
著 者
船井幸雄
編 譯
最高經營者研究院
Printed in korea
정가 15,000원